bons.
GRAS
mauvais
GRAS

Coordonnatrice de l'édition: Linda Nantel
Révision et correction: Sylvie Massariol et Sylvie Tremblay
Infographie: Michel Fleury et Luc Lapierre
Illustrations de la maquette intérieure: Isabelle Vachon
Conception graphique de la couverture: Gaétan Venne
Photo de la couverture: Pierre Tison


DISTRIBUTEURS EXCLUSIFS:

• Pour le Canada et les États-Unis:
  **LES MESSAGERIES ADP***
  955, rue Amherst, Montréal H2L 3K4
  Tél.: (514) 939-0406
  *Filiale de Sogides ltée

• Pour la Belgique et le Luxembourg
  **PRESSES DE BELGIQUE S.A.**
  Boulevard de l'Europe, 117
  B-1301 Wavre
  Tél.: (10) 41-59-66
       (10) 41-78-50
  Télécopieur: (10) 41-20-24

• Pour la Suisse:
  **TRANSAT S.A.**
  Route des Jeunes, 4 Ter
  C.P. 125
  1211 Genève 26
  Tél.: (41-22) 342-77-40
  Télécopieur: (41-22) 343-46-46

• Pour la France et les autres pays:
  **INTERFORUM**
  Immeuble ORSUD, 3-5, avenue Galliéni, 94251 Gentilly Cédex
  Tél.: (1) 47.40.66.07
  Télécopieur: (1) 47.40.63.66
  Commandes:  Tél.: (16) 38.32.71.00
              Télécopieur: (16) 38.32.71.28
              Télex: 780372

Louise Lambert-Lagacé
et Michelle Laflamme,
diététistes

bons
GRAS
mauvais
GRAS

*Une question
de santé*

LES ÉDITIONS DE
L'HOMME

**Donnée de catalogage avant publication (Canada)**

Lambert-Lagacé, Louise
  Bons gras, mauvais gras: une question de santé

  ISBN 2-7619-1057-5

1. Aliments — teneur en matières grasses.
2. Cholestérol. 3. Huiles et graisses comestibles.
I. Laflamme, Michelle. II. Titre.
  TX560.F3L35    1993 613.2'8    C93-096729-1

© 1993, Les Éditions de l'Homme,
une division du groupe Sogides

Dépôt légal: 3e trimestre 1993
Bibliothèque nationale du Québec

ISBN 2-7619-1057-5

# REMERCIEMENTS

Plusieurs personnes nous ont aidées à réaliser cet ouvrage.

En 1989, une centaine de nos patients ont participé à un sondage et ont fourni par leurs réponses une première orientation au contenu du livre.

Dès le printemps 1992, Josée Thibodeau, diététiste et notre assistante en recherche, a travaillé avec nous à l'élaboration du manuscrit. À l'été 1992, Monik St-Pierre, et à l'automne 1992, Isabelle Gohier, toutes deux étudiantes en diététique, ont travaillé activement à la recherche bibliographique et à la cueillette de données.

Nous ont apporté une précieuse collaboration dans nos analyses d'huile pressée à froid, les professeurs Victor Gavino et Guylaine Ferland du département de nutrition de l'Université de Montréal, Stan Kubow de l'Université McGill et Mohsen Meydani de l'Université Tufts à Boston. Ont également collaboré à cette étude, messieurs Bernard Stier de la maison Orphée de Québec et Jim Dick de Canamara Food de Saskatchewan.

Louise Desaulniers, notre associée, a revu et habilement critiqué le manuscrit. D'autres lecteurs sollicités, comme Monique Morency et Claude Landry, ont soumis d'utiles commentaires.

Nos compagnons de vie, Guy Bourgeault et Maurice Lagacé, ont mis la main aux tableaux, au texte et aux graphiques... Ils ont également respecté les horaires de fin de semaine des auteures.

Isabelle Vachon a gentiment illustré les différents acides gras.

Chez Sogides, l'équipe de production, sous la direction de Linda Nantel, a fait un superbe travail de révision et de mise en pages. Nous remercions particulièrement Sylvie Massariol et Sylvie Tremblay.

À tous ces collaborateurs et collaboratrices, nous disons chaleureusement merci!

# INTRODUCTION

Oui, il se glisse du mauvais gras dans nos assiettes, et il est grand temps de le détecter! Notre santé en dépend.

Oui, la phobie du cholestérol a pris des proportions exagérées, mais la recherche des *bons* gras tarde à venir: margarine oblige...

Et pendant ce temps, les vinaigrettes sans gras, les croissants sans cholestérol, les fromages allégés se multiplient dans un brouhaha de messages contradictoires.

Après tout, faut-il reprendre du beurre alors que la margarine occupe présentement le banc des accusés? Faut-il acheter une huile dite sans cholestérol ou une huile pressée à froid? Que faut-il penser des aliments dont l'emballage porte la mention «sans gras» ou encore des nouveaux *faux* gras qui se camouflent dans les crèmes glacées d'ici et les fromages des États-Unis? Enfin, faut-il arroser nos repas de vin rouge pour joindre les Français, qui semblent mieux tolérer que nous les surdoses de gras?

Chose certaine, les questions fusent de toutes parts, la confusion règne et l'excès de mauvais gras continue de faire ses ravages dans nos cellules.

Pas surprenant que nous voulions écrire un livre pour y apporter quelques éclaircissements! Sans avoir le mot de la fin, nous admettons avoir changé de cap au cours des années et croyons être sur la bonne piste.

*Louise:* «À l'époque du livre *Menu de santé,* publié en 1977, j'ai vertement critiqué la surconsommation de viande et de gras, mais j'étais prohuile de maïs et promargarine... L'utilisation de l'huile de maïs (une huile polyinsaturée) pour réduire le cholestérol constituait la découverte des années soixante, les méfaits de l'hydrogénation des huiles étaient alors méconnus du monde scientifique. Le dossier a beaucoup évolué au cours des années quatre-vingt. Pour être en cohérence avec ces nouvelles recherches et avec mes nouvelles convictions, j'ai demandé aux Éditions de l'Homme de ne plus imprimer ce titre, ce qui fut fait dès l'année 1988. Depuis ce temps, je travaille avec mon associée, Michelle Laflamme, à façonner le présent ouvrage.»

*Michelle:* «J'ai toujours rêvé de tout savoir sur tout! Le sujet proposé par Louise arrivait à point: je voulais en savoir plus long sur les maladies cardiovasculaires qui ont emporté mon père et ma mère. Je voulais approfondir mes connaissances sur les liens qui existent entre ces problèmes de santé et l'alimentation. Le cholestérol étant au banc des accusés, je voulais saisir précisément pourquoi. Pas de recherche sur le cholestérol sans tenir compte des autres graisses alimentaires; pas de recherche sur les graisses alimentaires sans étudier les liens qu'elles entretiennent avec le cancer, les maladies auto-immunes, le poids. J'ai beaucoup appris; je suis allée de surprise en surprise, mais bien des questions demeurent encore sans réponse.»

Par cet ouvrage, nous voulons partager nos réflexions sur le sujet, nos quatre années de recherches dans la littérature scientifique, les résultats d'une série d'analyses de laboratoire que nous avons fait faire sur les huiles pressées à froid et des données récentes sur les aliments vendus dans nos épiceries.

Nous voulons surtout vous fournir des outils pour résister aux faux messages, pour comprendre la différence entre le cholestérol du sang et celui des aliments, pour mieux choisir votre prochaine bouteille d'huile.

Nous avons décodé pour vous le jargon des différents gras et des nouvelles étiquettes afin que vous soyez plus à l'aise avec les termes *saturé, monoinsaturé, polyinsaturé, hydrogéné.*

Nous souhaitons vous aider à faire de meilleurs choix de gras, à cuisiner en harmonie avec vos besoins, à réduire votre consommation de matières grasses au restaurant ou à la maison.

Au-delà des controverses et des recherches, vous découvrirez une nouvelle règle d'or, conçue autour d'une gamme d'aliments frais ou peu transformés fournissant chaque jour la dose requise de *bons* gras.

Il n'est pas nécessaire de «faire du cholestérol» pour s'intéresser aux *bons* gras et aux *mauvais* gras. C'est une question de santé!

# CHAPITRE PREMIER

# *Pour le meilleur...*

Les experts en nutrition critiquent avec raison notre consommation excessive de matières grasses, mais ils soulignent rarement l'importance de certains gras pour le maintien de la santé. Il en faut peu, mais il en faut! Regardons ce que le gras nous apporte d'utile avant de critiquer ses méfaits.

## Le rôle des gras en général

Tout le monde sait que non seulement les graisses alimentaires donnent du goût aux aliments, mais aussi qu'elles sont une source importante d'énergie. Sait-on qu'elles fournissent plus de calories que tout autre élément nutritif? Eh bien oui! une cuillerée à soupe d'huile fournit 124 calories alors qu'une cuillerée à soupe de sucre n'en donne que 50. Chaque fois que nous mangeons un gramme de gras, nous avalons 9 calories; chaque fois que nous mangeons la même quantité de sucre, nous en avalons 4. Une tranche de pain de blé entier renferme peu de gras et ne fournit que 61 calories tandis qu'une cuillerée à soupe de beurre renferme 11 g de gras et 100 calories. Les grammes de gras pèsent donc lourd sur la balance, ce qui ne veut pas dire qu'il faille éviter toute trace de gras.

Les graisses alimentaires servent aussi de moyen de transport pour les vitamines A, D, E et K; sans un minimum de gras dans l'assiette, ces vitamines seraient tout simplement inefficaces dans l'organisme.

Mais parmi toutes les matières grasses contenues dans les aliments, il y en a seulement deux dont le corps humain ne puisse se passer, car il ne peut les fabriquer lui-même. Ce sont l'*acide linoléique* et l'*acide alpha-linolénique, dits acides gras essentiels*. Pendant plusieurs années, ils ont porté le nom de vitamine F, et c'est encore de cette façon qu'ils sont identifiés dans certains ouvrages bien connus, dont ceux du D$^r$ Kousmine.

## Le rôle des acides gras essentiels

L'acide linoléique et l'acide alpha-linolénique sont les grands précurseurs d'une série de messagers chimiques qu'on appelle les *prostaglandines.* Celles-ci agissent rapidement à des endroits bien précis du corps et permettent un fonctionnement harmonieux des systèmes circulatoire, immunitaire, anti-inflammatoire, épithélial, entre autres. Sans un bon dosage de ces deux acides gras essentiels, la production de leurs dérivés, les prostaglandines, s'embrouille, provoquant ainsi de multiples problèmes.

Les acides gras essentiels maintiennent également l'intégrité de toutes les cellules de notre corps. Ils s'assurent que chaque cellule est bien enveloppée d'une mince pellicule de gras qui protège le contenu intérieur et permet les bons échanges avec l'extérieur, qu'il s'agisse d'une cellule nerveuse, d'une cellule du foie ou de la peau.

Les spécialistes de la nutrition ont découvert peu à peu l'action de ces deux acides gras essentiels à partir de la fin des années vingt. Ayant fourni différentes diètes sans gras essentiels à des animaux de laboratoire, les chercheurs ont observé l'apparition de plusieurs symptômes dont des retards de croissance, de l'eczéma, une diminution de la fertilité, une diminution de l'acuité visuelle.

Au début des années soixante, d'autres chercheurs ont constaté qu'un bébé nourri par voie intraveineuse manifestait de très graves problèmes de peau après quelques semaines. Les tests de laboratoire ont tout de suite révélé que le sérum de ce bébé ne contenait presque pas d'acide linoléique. En regardant de plus près l'alimentation du nourrisson, les chercheurs ont noté que la formule alimentaire mise au point pour les bébés qu'on ne pouvait alimenter par la bouche ne contenait pas de matières grasses, donc pas d'acides gras essentiels.

À cette époque, les experts croyaient que l'acide linoléique était le seul gras essentiel chez les humains. Ils savaient qu'un second acide gras, nommé *acide alpha-linolénique,* était indispensable au développement du cerveau et de la rétine de l'œil chez plusieurs espèces animales, et qu'il assurait la survie du saumon, de la truite et de certains insectes. Toutefois, ils ignoraient les possibilités de déficience chez les humains.

Puis, au début des années quatre-vingt, on remarqua une déficience chez une fillette de six ans nourrie par voie intraveineuse durant cinq mois. Sans aucune autre explication, la fillette souffrait d'une extrême faiblesse, d'engourdissements, d'une incapacité de marcher, d'une vision embrouillée. Le chercheur américain Holman et ses collaborateurs analysèrent la formule alimentaire et découvrirent que celle-ci manquait d'*acide alpha-linolénique.* Après qu'ils eurent ajouté ce deuxième acide gras essentiel à la formule, les symptômes de la fillette disparurent très rapidement.

Dès sa conception, le fœtus a besoin d'acides gras essentiels. C'est l'alimentation maternelle qui influence la quantité et la qualité des gras que le fœtus reçoit à travers les globules rouges du placenta. Des études rapportent même que des mères ayant donné naissance à des bébés de faible poids consommaient moins d'acides gras essentiels (5,5 g par rapport à 12 g par jour) que les mères des nouveau-nés qui pesaient plus de 2500 g à la naissance. Une déficience en acides gras essentiels semble nuire au développement du placenta et, par conséquent, à la croissance du fœtus, au développement de son cerveau et de son système nerveux.

Le bébé naissant a lui aussi besoin d'une certaine quantité d'acides gras essentiels pour croître normalement. Durant les premiers douze mois de la vie de l'enfant, le cerveau se développe à un rythme très accéléré et la matière solide des cellules du cerveau est composée à 60 % d'acides gras essentiels. Comme la nature fait bien les choses, le lait maternel contient sept fois plus d'acides gras essentiels que le lait de vache.

## Ceux qui peuvent manquer d'acides gras essentiels

L'enfant qui grandit a besoin d'acides gras essentiels pour la croissance de tous ses tissus. Même s'il est un peu rondouillet, il n'y a pas lieu d'éliminer tout le gras de son menu; les enfants soumis à de telles restrictions risquent de voir leur croissance perturbée et leur puberté retardée.

Le manque d'acides gras essentiels peut également toucher les femmes qui veulent rester minces ou le devenir. Lorsqu'elles mangent peu, qu'elles oublient de consommer des produits céréaliers entiers ou qu'elles coupent tout le gras visible sans admettre la moindre amande ou la plus petite goutte d'huile dans une salade, elles peuvent se retrouver avec une peau sèche, des règles difficiles et irrégulières, de la difficulté à devenir enceintes, une ménopause qui s'impose sans ménagement; les symptômes sont encore plus sérieux lorsqu'il y a anorexie nerveuse.

Le manque d'acides gras essentiels peut aussi apparaître chez certains malades. Des chercheurs de l'Université d'Édimbourg ont voulu vérifier la présence d'*acide linoléique* dans les tissus humains, ainsi que son rôle dans l'incidence et la gravité d'ulcères d'estomac. Pour ce faire, ils ont analysé le tissu gras juste sous la peau chez 35 hommes souffrant d'ulcère et chez 35 hommes en bonne santé. La seule différence observée entre les deux groupes concernait le pourcentage d'acide linoléique, qui était plus faible chez les hommes atteints d'ulcères. Bien entendu, le tissu gras d'un individu reflète assez fidèlement le contenu de son alimentation, ce qui sous-entend que l'alimentation des hommes atteints d'ulcères contenait moins d'acide linoléique que celle des personnes en bonne santé. La pleine portée de cette étude reste à venir.

Les personnes âgées risquent elles aussi de manquer d'acides gras essentiels. C'est du moins ce que révèle une étude menée à Dijon auprès de personnes vivant en institution. Les chercheurs ont noté en effet chez cette population une consommation restreinte d'aliments et peu d'acides gras essentiels dans le sang. Certains phénomènes liés au vieillissement semblent limiter l'utilisation de ces acides gras ainsi que la production de leurs dérivés, les prostaglandines, ce qui augmente la vulnérabilité aux problèmes circulatoires et aux douleurs arthritiques.

## Quelques actions particulières
## des acides gras essentiels

Comme nous pouvons le constater, le monde de la nutrition a compris l'importance des acides gras essentiels en observant les symptômes de déficience... Les spécialistes utilisent maintenant ces connaissances pour aller plus loin dans le traitement de certaines maladies. Parmi les acides gras essentiels utilisés dans les recherches actuelles, on ne peut passer sous silence les fameux oméga-3 des poissons, de la famille de l'*acide alpha-linolénique.*

À l'Université de l'Alberta, quelques chercheurs du département de gastro-entérologie particulièrement intéressés à la maladie de Crohn et à la colite ulcéreuse, deux maladies inflammatoires de l'intestin, ont constaté que les oméga-3 des huiles de poisson calmaient l'inflammation intestinale d'animaux de laboratoire.

Au Mount Sinaï Medical Center de New York, des médecins ont utilisé l'huile de poisson pour traiter la colite ulcéreuse chez dix patients durant huit semaines. Ils ont observé une amélioration chez sept d'entre eux et aucune détérioration chez les trois autres. Les auteurs de l'étude poursuivent leurs recherches.

D'autre part, les peuples qui consomment beaucoup de poissons semblent moins atteints de maladies inflammatoires chroniques que la population nord-américaine. Au Danemark, des chercheurs ont voulu vérifier cette observation en mesurant l'impact d'une huile de poisson donnée sous forme de capsules pendant douze semaines à des personnes souffrant d'arthrite rhumatoïde comparativement à l'impact d'une capsule placebo ne contenant pas d'huile de poisson. Ils ont constaté une nette amélioration chez les patients qui prenaient l'huile de poisson et en ont déduit que ce type de supplément pouvait servir de complément aux thérapies traditionnelles.

Une autre étude, publiée en 1991, a porté cette fois sur l'influence de l'huile de lin, riche en acide alpha-linolénique, sur le système immunitaire de dix Américains. Par suite des résultats obtenus, les chercheurs croient que l'huile de lin pourrait être utile dans les cas de maladies auto-immunes ou de problèmes inflammatoires chroniques, comme l'arthrite, le lupus, les allergies.

Corrine Benquet[1], chercheuse de l'Université du Québec à Montréal, a récemment comparé l'effet de cinq types de gras sur le système immunitaire de souris soumises à un exercice intense, comparable à celui auquel se soumettent les athlètes olympiques. Normalement, les hormones libérées par le stress affaiblissent la production d'anticorps et forcent certains athlètes à se retirer des compétitions à cause d'infections bénignes menant à de graves complications. Chez les souris soumises au stress intense de l'exercice, seule l'huile de lin a empêché la diminution de la production d'anticorps, ce qui laisse entrevoir une meilleure utilisation de l'acide alpha-linolénique.

Deux autres recherches publiées en 1988 et en 1989 ont révélé qu'une augmentation des acides gras essentiels associée à une réduction des gras transformés et d'origine animale pouvait améliorer l'état de santé général des patients atteints de sclérose multiple mais sans manifestations cliniques graves.

Hugh Sinclair, chercheur émérite de Grande-Bretagne, publiait en 1956 une lettre ouverte dans le *Lancet* où il soulignait que *la majorité des maladies modernes pouvaient être dues à une déficience d'acides gras essentiels ou à un problème de transformation.* Les recherches se sont intensifiées depuis. Les aliments riches en acides gras essentiels demeurent sans contredit les bons gras de notre menu.

---

*Mais attention, même si les acides gras essentiels ne représentent qu'une petite partie des gras que nous consommons aujourd'hui et même s'ils sont très utiles, il n'y a pas lieu d'en absorber des quantités importantes. Nous verrons au chapitre IV quelles sont les quantités recommandées.*

---

1. Communication au congrès de l'ACFAS, 1992, *La Presse*, 14 mai 1992.

| Tableau 1<br>CONTENU EN ACIDES GRAS ESSENTIELS<br>DE QUELQUES ALIMENTS | | | | |
|---|---|---|---|---|
| ALIMENT | PORTION | GRAS<br><br>(g) | ACIDES GRAS ESSENTIELS | |
| | | | linoléique<br>(g) | alpha-linolénique<br>(g) |
| **PRODUITS CÉRÉALIERS** | | | | |
| amaranthe | 125 mL | 6,4 | 2,8 | 0,06 |
| avoine | 125 mL | 5,4 | 1,9 | 0,09 |
| maïs | 125 mL | 3,9 | 1,7 | 0,05 |
| millet | 125 mL | 1,2 | 0,6 | 0,03 |
| orge | 125 mL | 2,1 | 0,9 | 0,1 |
| riz brun cuit | 250 mL | 1,8 | 0,6 | 0,03 |
| riz sauvage cuit | 250 mL | 0,6 | 0,2 | 0,16 |
| germe de blé | 60 mL | 2,8 | 1,5 | 0,21 |
| farine de blé entier | 125 mL | 1,1 | 0,4 | 0,02 |
| pâtes de blé entier, cuites | 250 mL | 0,8 | 0,3 | 0,02 |
| céréales à déjeuner<br>genre granola | 60 mL | 7,9 | 3,9 | 0,2 |
| **FRUITS ET LÉGUMES** | | | | |
| avocat | 1 moitié | 15 | 1,9 | 0,1 |
| autres fruits | 250 mL | 0,5 | 0,1 | 0,05 |
| légumes | 250 mL | 0,3 | 0,1 | 0,05 |
| **MATIÈRES GRASSES** | | | | |
| huile de canola | 15 mL | 13,5 | 3 | 1,5 |
| huile de carthame | 15 mL | 13,5 | 10,1 | 0,1 |
| huile de germe de blé | 15 mL | 13,5 | 7,5 | 0,9 |
| huile de lin | 15 mL | 13,5 | 1,7 | 7,3 |
| huile de maïs | 15 mL | 13,5 | 7,9 | 0,1 |
| huile de noix | 15 mL | 13,5 | 7,2 | 1,4 |
| huile d'olive | 15 mL | 13,5 | 1,1 | 0,1 |
| huile de pépins de raisins | 15 mL | 13,5 | 9,5 | traces |
| huile de soya | 15 mL | 13,5 | 6,9 | 0,9 |
| huile de tournesol | 15 mL | 13,5 | 8,9 | 0,9 |

| | **Tableau 1 (suite)** CONTENU EN ACIDES GRAS ESSENTIELS DE QUELQUES ALIMENTS | | | |
|---|---|---|---|---|
| ALIMENT | PORTION | GRAS (g) | ACIDES GRAS ESSENTIELS | |
| | | | linoléique (g) | alpha-linolénique (g) |
| VIANDE ET AUTRES SOURCES DE PROTÉINES | | | | |
| œuf | 1 moyen | 5,6 | 0,6 | 0,02 |
| veau | 100 g | 11 | 0,2 | 0,14 |
| saumon | 100 g | 7,4 | 0,2 | 0,09 |
| crabe | 100 g | 2 | 0,1 | 0,17 |
| fèves soya cuites | 250 mL | 15,4 | 7,7 | 1,03 |
| tofu ferme | 1/4 de bloc | 7 | 3,5 | 0,5 |
| tofu | 125 mL | 11 | 5,5 | 0,7 |
| amandes | 30 g | 14,7 | 3,1 | 0,11 |
| arachides | 30 g | 13,9 | 4,4 | traces |
| noix | 30 g | 16,1 | 9,5 | 0,94 |
| noix de pins, pignons | 30 g | 17,3 | 7,1 | 0,22 |
| pistaches | 30 g | 15,0 | 2,2 | 0,08 |
| graines de tournesol | 15 mL | 4,3 | 2,8 | 0,01 |
| LAIT ET PRODUITS LAITIERS | | | | |
| lait de soya | 250 mL | 4,6 | 1,8 | 0,24 |
| fromage cheddar | 30 g | 10,8 | 0,1 | 0,13 |
| fromage suisse | 30 g | 7,8 | 0,2 | 0,1 |
| lait entier | 250 mL | 8,6 | 0,2 | 0,19 |

# CHAPITRE II

# *Et pour le pire!*

Même si la phobie du cholestérol a sans doute fait plus de bruit que de victimes, la consommation actuelle de gras ne peut laisser indifférent. Lorsqu'une personne vulnérable[1] consomme trop de gras et (ou) de *mauvais* gras, elle risque de souffrir d'une maladie cardiovasculaire, d'un cancer ou d'une maladie auto-immune; elle peut également devenir obèse et cumuler les risques. Regardons chacune de ces réactions.

## Les maladies cardiovasculaires

À l'heure actuelle, 40 millions d'Américains souffrent de maladies cardiovasculaires diagnostiquées, 80 millions présentent un taux de cholestérol élevé, et 1,5 million meurent d'une crise cardiaque chaque année. Au Canada, plus de 40 % des décès sont directement reliés à l'hypercholestérolémie ou taux excessif de cholestérol dans le sang. Ce chiffre s'élève à 50 % lorsqu'il s'agit de décès avant 50 ans.

Au Québec, la situation est encore moins rassurante. Chez la moitié de la population, le taux de cholestérol est supérieur à 5,2 mmol/litre, le niveau jugé normal. Les maladies cardio-vasculaires tuent environ 19 000 Québécois chaque année. Le

---

1. Sur le plan génétique, avec des antécédents familiaux de diverses maladies.

Dr Jean Davignon[2], médecin-chercheur à l'Institut de recherches cliniques de Montréal, et ses homologues du Centre des sciences de la santé de l'Université du Texas à Dallas, ont démontré qu'une déficience génétique héréditaire est responsable de 63 % des cas de cholestérol élevé chez les Québécois. La déficience génétique est directement reliée à ce qu'ils appellent l'*effet fondateur.* Les Québécois d'aujourd'hui descendent pour la plupart de 8 000 immigrants venus du nord et de l'ouest de la France entre 1608 et 1763. Chez un peuple où il y a beaucoup de consanguinité et peu de mobilité, les déficiences génétiques sont plus fréquentes, selon le Dr Davignon. «Nous appartenons à une population dont l'hérédité et les habitudes alimentaires nous prédisposent à une hypercholestérolémie», affirme également le Dr Lucien Campeau[3], de l'Institut de cardiologie de Montréal.

La compréhension du taux de cholestérol et des maladies cardiovasculaires a fait un bond en avant grâce à une série d'études réalisées à Framingham, petite ville de la Nouvelle-Angleterre. Des médecins ont suivi pendant une trentaine d'années toutes les personnes de cette localité; les données recueillies ont permis d'établir un lien certain entre le risque de maladies cardiovasculaires et le taux de cholestérol dans le sang d'un individu. Leurs conclusions sont claires: plus le taux de cholestérol sanguin est élevé, plus le risque est grand.

Mais attention! ce n'est pas le cholestérol contenu dans les aliments qui a le plus d'influence sur l'augmentation du cholestérol dans le sang, mais plutôt la consommation excessive de gras animal et de gras hydrogéné[4]. Nos mauvaises habitudes de vie, telles que le manque d'activité physique et de moments de détente ainsi que l'usage du tabac, jouent également un rôle déterminant.

La théorie du cholestérol présentée ici ne fait pas l'unanimité dans la communauté scientifique internationale. Mais chose certaine, plus une population mange de gras saturé et de gras hydrogéné, plus l'incidence des maladies cardiovasculaires est élevée.

---

2. *Le Devoir*, 18 septembre 1987.
3. *La Presse*, 26 septembre 1987.
4. Voir le chapitre III pour connaître la définition des différents types de gras dont les gras hydrogénés.

Dans les années cinquante, les Japonais consommaient très peu de gras et de viande et présentaient une incidence très faible de maladies cardiovasculaires. En quarante ans, leur consommation de gras a quadruplé, et la mortalité par maladies cardiovasculaires a plus que triplé. Ce parallèle entre l'augmentation de la consommation de gras et l'augmentation des infarctus a de quoi faire réfléchir, même si, au Japon, l'incidence des maladies cardiovasculaires demeure la plus faible parmi les pays industrialisés.

La célèbre étude du D$^r$ Walter Willett, de l'Université Harvard, met également en lumière l'impact de la qualité des gras consommés. Après avoir suivi plus de 80 000 infirmières pendant huit ans (de 1980 à 1988), fait des relevés alimentaires, déterminé la sorte de gras consommé régulièrement et noté les accidents cardiovasculaires au cours de cette période, il en a conclu que plus il y avait de gras hydrogénés au menu, plus les risques de maladies cardiovasculaires étaient élevés dans cette population féminine. Selon cette étude, ce n'est pas la quantité totale de gras qui a joué un rôle décisif sur la santé, mais plutôt la quantité de gras hydrogéné.

Des chercheurs britanniques, sous la direction du professeur Ramsay, ont montré pour leur part que seules des réductions importantes de gras pouvaient diminuer le taux de cholestérol dans le sang. Ils ont constaté qu'un régime sévère est particulièrement efficace chez les personnes qui, au départ, mangeaient beaucoup de gras et qui avaient un taux de cholestérol sanguin très élevé.

Mais on a longtemps cru que l'unique façon de débloquer des artères sévèrement atteintes était le recours à différentes techniques chirurgicales. Le D$^r$ Dean Ornish, directeur de l'Institut de recherche en médecine préventive de Sausalito en Californie, a contredit cette croyance. Il a réussi une première mondiale en débloquant partiellement des artères de grands malades cardiaques, sans chirurgie ni médicaments pour diminuer le cholestérol. Pendant une année, il a suivi 41 sujets qu'il a divisés en deux groupes; 22 personnes ont fait des changements importants dans leur vie: elles ont modifié leur menu, leur activité physique et leur façon de composer avec le stress; les 19 autres ont servi de groupe témoin. La diète prescrite au premier groupe de patients était de type végétarien et contenait très peu de gras soit moins de 10 % des calories consommées dans une journée. Le deuxième groupe faisait certains exercices aérobiques et suivait une diète beaucoup moins sévère qui renfermait 30 % des calories sous forme de gras. Personne ne fumait, bien entendu.

Au début du programme, le D$^r$ Ornish a photographié par angiographie l'intérieur des artères de tous les patients; après douze mois, il a répété l'examen et a constaté que le degré d'obstruction des artères avait diminué de 5 % en moyenne chez les patients du premier groupe mais avait légèrement augmenté chez les personnes du groupe témoin. Quatre ans après, des tests ont révélé que le déblocage des artères continuait de progresser chez les personnes qui poursuivaient la démarche. Le programme élaboré par le D$^r$ Ornish n'est pas infaillible, mais il montre qu'une réduction très importante de gras et de bonnes habitudes de vie ont des effets spectaculaires sur les artères.

Les aliments renferment plusieurs types de matières grasses qui influencent différemment l'état des artères et la santé du cœur. La littérature scientifique abonde en recherches qui relient les maladies cardiovasculaires à une alimentation riche en gras, en gras animal et en gras hydrogénés. Par contre, aucune étude n'a démontré qu'il serait bon pour la santé du cœur de continuer à manger aussi gras qu'on le fait présentement.

## Le cancer

Au Canada, le cancer est la deuxième cause de décès. Depuis 1970, l'incidence de cette maladie a augmenté d'environ 1,8 % chez les hommes et 0,8 % chez les femmes. Le cancer du côlon et celui du rectum causent 5 500 décès par année; le cancer du sein, quant à lui, guette une Canadienne sur onze. On parle de 115 000 nouveaux cas de cancer par année et de plus de 58 000 décès. Rien de bien rassurant.

Durant les vingt-cinq dernières années, des études menées dans différents pays ont révélé qu'environ 90 % des cancers sont reliés à des facteurs environnementaux. De fait, l'alimentation est tenue responsable de 35 % à 40 % des cas. Les liens entre l'alimentation et le cancer sont bel et bien réels, mais les recherches effectuées ne permettent pas de conclure que certains aliments ou certaines substances sont toujours cancérigènes chez tout le monde. L'âge, l'hérédité ou les facteurs hormonaux sont parmi les nombreux autres morceaux du casse-tête dont il faut tenir compte.

Chose certaine, la relation entre l'alimentation et le cancer préoccupe l'être humain depuis très longtemps. Toutefois, ce n'est qu'au début du XX$^e$ siècle que des chercheurs ont découvert un élément important: les rats de laboratoire manquant de nourriture présentaient moins de tumeurs cancéreuses que ceux dont la ration alimentaire était abondante. Il a fallu attendre les années trente et quarante pour noter d'autres changements alimentaires qui pouvaient influencer l'apparition du cancer chez les animaux. Par exemple, on s'est aperçu que le nombre de tumeurs mammaires augmentait chez les rats lorsqu'on ajoutait du gras à leur régime alimentaire.

En même temps, des chercheurs en épidémiologie, science qui a pour objet l'étude de la fréquence et de la cause des maladies chez différentes populations, ont constaté que le nombre de cas de cancer et les types de cancer variaient considérablement d'une région du monde à une autre, d'un groupe culturel à un autre.

Au milieu des années soixante-dix, des études épidémiologiques portant sur le cancer du sein révélaient qu'il y avait peu de ce type de cancer dans les sociétés en voie de développement et au Japon, mais que le nombre augmentait lorsque les ressortissants de ces pays immigraient aux États-Unis. Les Japonaises qui habitent le Japon consomment quatre fois moins de matières grasses que les Américaines et ont quatre fois moins de cancer du sein que ces dernières; l'incidence s'accroît graduellement lorsqu'elles immigrent aux États-Unis et se rapproche peu à peu de celle des Américaines de souche. On constate aussi qu'en Israël, les femmes juives venant d'Asie et d'Afrique souffrent moins de cancers du sein que celles qui sont originaires d'Europe, en partie grâce à une alimentation moins grasse. En général, chez les femmes de race blanche, le nombre de cancers du sein s'élève parallèlement à l'augmentation de la consommation de gras. De plus, un régime pauvre en gras semble accroître le taux de survie des personnes atteintes d'un cancer du sein. Une étude a même montré que chez les Japonaises en postménopause qui ont souffert d'un cancer du sein, le taux de survie est de dix ans supérieur à celui observé aux États-Unis.

Le cancer du côlon présente un modèle presque identique au cancer du sein, mais semble encore plus relié à une alimentation riche en gras. Bien que cette maladie soit rare dans les pays en voie de développement et au Japon, on la retrouve fréquemment chez les pays industrialisés et fréquemment chez les émigrants de ces contrées vivant aux États-Unis et chez les populations des pays industrialisés.

Durant plusieurs années, les graisses d'origine animale ont porté tout le blâme, mais elles partagent maintenant les torts avec les gras d'origine végétale, qui ne sont pas aussi inoffensifs qu'on le croyait. Consommés en trop grande quantité, certains gras d'origine végétale rendent les cellules de notre organisme plus vulnérables et augmentent eux aussi les risques de cancer.

> *Ce qui se dégage de toute cette recherche épidémiologique, c'est qu'une alimentation trop grasse favorise le développement de tumeurs cancéreuses.*

Plus récemment, une équipe de chercheurs de l'Université Laval à Québec, sous la direction du D$^r$ Jacques Brisson, a effectué une étude portant sur l'alimentation de 640 femmes atteintes de cancer du sein. Leurs résultats, compilés à partir des examens de mammographie, indiquent que les ravages de cette maladie sont plus circonscrits chez les femmes qui mangent peu de gras d'origine animale.

Une autre étude effectuée en Australie, et publiée en 1990, montre qu'une alimentation riche en gras d'origine animale est associée à l'augmentation de l'hormone appelée *prolactine* et qu'un taux élevé de prolactine accroît les risques de cancer du sein chez les femmes avant la ménopause.

Enfin, des chercheurs américains, sous la direction du D$^r$ Walter Willett, ont étudié les effets de la viande, du gras et des fibres sur le cancer du côlon. Ils ont analysé, au moyen d'un questionnaire conçu à cet effet, les habitudes alimentaires de plus de 85 000 femmes et ont suivi l'évolution de leur état de santé durant six ans. D'après les données recueillies et évaluées, les consommatrices de viandes rouges seraient deux fois plus susceptibles d'être victimes d'un cancer du côlon que celles dont le menu est composé de viandes blanches et de poissons. Il faut cependant mentionner que les femmes qui mangeaient des viandes rouges consommaient également plus de matières grasses.

Même si ces recherches n'arrivent pas à fournir toutes les explications nécessaires et bien qu'on ne connaisse pas toutes les substances cachées dans les aliments qui pourraient favoriser l'apparition de cancers du sein, du côlon, du rectum, de la prostate, notamment, la littérature scientifique fournit suffisamment d'indices qui se recoupent pour que les autorités gouvernementales des pays industrialisés n'hésitent plus à recommander des menus moins riches en matières grasses. C'est d'ailleurs ce qu'a fait Santé et Bien-être social Canada en lançant la nouvelle version du *Guide alimentaire canadien,* en novembre 1992.

## Les problèmes du système immunitaire

«Tous n'en meurent pas, mais tous en sont atteints», ou presque. Si La Fontaine revenait sur terre, les animaux de la fable ne souffriraient pas de la peste, mais d'une maladie reliée à un dérèglement ou à un affaiblissement du système immunitaire.

On a longtemps cru que le système immunitaire était notre moyen de défense contre les microbes qui pouvaient envahir notre organisme de l'extérieur ou contre les cancers qui assaillaient notre corps de l'intérieur. Il fait tout cela et plus encore. Il permet à notre corps de vivre en harmonie avec lui-même et avec le monde extérieur. Mais il arrive que sous l'influence de nos propres gènes ou de facteurs environnants, ce merveilleux système se détraque.

Certaines maladies reliées au système immunitaire nous sont plus familières, comme les allergies respiratoires et alimentaires ainsi que les maladies infectieuses. Les premières semblent de plus en plus répandues; quant aux autres, elles ont régressé grâce à la vaccination, mais la partie n'est jamais totalement gagnée. En revanche, certaines maladies dites auto-immunes, tels le diabète, la maladie de Crohn, le lupus, l'arthrite rhumatoïde, affectent de 5 % à 7 % de la population; les personnes qui souffrent de ces affections semblent devenir allergiques à certains constituants de leur propre organisme.

L'alimentation a une influence sur le système immunitaire. Elle doit fournir suffisamment de protéines, de vitamines, de minéraux et d'acides gras essentiels pour répondre à nos besoins; lorsqu'elle ne remplit pas sa tâche adéquatement, elle affecte nos mécanismes de défense. Les populations les plus démunies, les enfants et les personnes âgées, sont particulièrement vulnérables.

Les aliments, par l'intermédiaire de certains éléments qui les composent, ont une action plus ou moins importante sur le système immunitaire; ils peuvent l'affaiblir, le renforcer ou encore rester neutres. Selon l'état actuel des connaissances, quelques-uns, ceux qui contiennent certains types de gras en particulier, semblent jouer un rôle plus spécifique.

Diminuer le gras total de l'alimentation est non seulement une façon de prévenir les maladies cardiovasculaires et certains cancers, mais aussi un moyen d'améliorer peut-être le système immunitaire. Comme on a pu le voir au chapitre premier, certains gras, comme l'huile de lin et l'huile de poisson riches en acides gras essentiels, ont fait l'objet de recherches expérimentales et cliniques qui ont montré leur action bénéfique sur le système immunitaire.

Mais on ne peut parler de gras et d'immunité sans parler de la vitamine E, qui suit les graisses tout au long de leur voyage dans notre sang jusqu'à chacune de nos cellules et agit à la manière d'un garde du corps. Cette action, dite *antioxydante,* la rend très utile. Des chercheurs l'ont constaté récemment dans le cadre d'une étude faite auprès de personnes âgées en bonne santé qui ont pris un supplément de vitamine E durant 30 jours; les résultats de la recherche indiquaient une amélioration du système immunitaire. Les meilleures sources alimentaires de vitamine E demeurent les huiles végétales, tout particulièrement les huiles pressées à froid.

Toutes ces recherches scientifiques convergent vers une recommandation: consommer moins d'aliments riches en gras animal et moins de graisses hydrogénées[5]. On conseille de répartir judicieusement dans l'alimentation les matières grasses qui exercent une bonne influence sur le système immunitaire, dont les gras de poisson et certains gras d'origine végétale.

> *Mais attention! Ingérés en trop grande quantité, même les meilleurs gras peuvent nuire au système immunitaire.*

---

5. Voir le chapitre III pour connaître la définition des différents gras ainsi que leurs principales sources alimentaires.

## Les problèmes de poids

Dans notre société, l'obésité est un sujet important, délicat, controversé et qui fait rouler des milliards de dollars!

Au Canada, l'obésité atteint de 26 % à 39 % des adultes de plus de 20 ans et de 5 % à 25 % des enfants. Maladies cardio-vasculaires, hypertension, diabète, maux de dos, de genoux, problèmes psychologiques font souvent partie des petits et des gros malaises qui affectent les personnes obèses. Un excès de poids peut même augmenter le risque de certains cancers; toutefois, quelques rondeurs peuvent favoriser une meilleure santé chez les personnes âgées.

On a cru pendant longtemps que pour perdre du poids, il fallait diminuer les calories. Ce n'est pas totalement faux, mais ce n'est plus tout à fait vrai non plus.

La littérature scientifique actuelle ouvre de nouvelles perspectives fort intéressantes, dont font état en particulier deux études publiées en 1989. Les chercheurs croient qu'une réduction de la consommation de matières grasses pourrait prévenir et limiter l'accumulation excessive de gras. Leurs recherches tendent à montrer que le corps brûle moins efficacement les calories qui proviennent des gras que celles fournies par les glucides, c'est-à-dire les produits céréaliers, les légumineuses, les fruits, les légumes et les sucres.

Lors d'un récent congrès de l'Association américaine de diététique, les chercheurs Mc Kinney et Buccacio, de l'Université de Philadelphie, ont confirmé la théorie qui condamne le surplus de gras comme grand responsable des problèmes de poids. Ils soulignent que la *source* des calories semble plus importante dans la prise de poids que la quantité totale des calories. Ainsi, les calories qui proviennent d'une plus forte proportion d'aliments riches en glucides et d'une faible proportion de gras favoriseraient la perte de poids.

D'autres chercheurs ont constaté que les personnes grasses mangent différemment des gens minces pour une ration équivalente de calories. Les personnes grasses consomment 35 % de leurs calories sous forme de gras et 46 % sous forme de glucides; les plus minces, 29 % de leurs calories sous forme de gras et 53 % sous forme de glucides. Autre différence à souligner: les minces sont moins sédentaires que les personnes grasses. Ce n'est donc pas la quantité de calories qui fait toute la différence, mais la quantité de gras et l'activité physique.

Une étude menée pendant six mois auprès de femmes en préménopause confirme les observations précédentes. Cette recherche visait à réduire les risques de maladies cardio-vasculaires en coupant le gras total du menu à 20 % des calories. Même si l'alimentation de ces femmes contenait *autant de calories* et que leur niveau d'activité physique était le même, la réduction de gras a provoqué en six mois une perte de poids et une perte de tissu gras.

Une dernière recherche faite sur une période de deux ans auprès de 300 femmes en périménopause arrive aux mêmes conclusions: une réduction importante de gras entraîne une perte de poids, sans réduction de calories ou presque.

Pour conclure sur une note exotique mais concordante, les Chinois consomment chaque jour plus de calories que nous, mais beaucoup moins de gras et souffrent rarement de problèmes de poids.

---

*Les données recueillies au cours des dernières années par bon nombre de chercheurs, tant canadiens qu'américains, encouragent fortement l'adoption d'un menu pauvre en gras et plus riche en produits céréaliers, légumineuses, légumes et fruits pour perdre du poids.*

# CHAPITRE III

# *L'affaire cholestérol*

Le cholestérol des crevettes doit-il nous effrayer autant que le cholestérol élevé dans le sang? Le cholestérol de l'œuf est-il du *bon* cholestérol? Que de confusion dans ce dossier!

Disons d'abord qu'il existe naturellement du cholestérol dans le sang et qu'il en existe naturellement dans les aliments. Mais n'oublions jamais de les distinguer.

Le *cholestérol sanguin* circule dans le sang parmi plusieurs autres substances grasses dont les *triglycérides*. Ce sont les analyses sanguines qui nous révèlent la quantité totale de cholestérol et de triglycérides qui se promènent dans le sang; elles nous apprennent aussi que les *HDL* sont trop basses, que les *LDL* sont trop élevées et que le rapport entre les deux est anormal. Certains laboratoires peuvent même ajouter la teneur en *Apo-A1* et en *Apo-B*. Ce sont ces informations que les médecins utilisent pour établir leur diagnostic et proposer le traitement approprié. Essayons d'y voir plus clair.

## Le cholestérol sanguin

Le cholestérol sanguin est cette substance grasse qui se promène normalement dans le sang pour effectuer différentes tâches dans l'organisme. Mais une substance grasse a besoin d'aide pour se déplacer dans un liquide aqueux comme le sang, car elle ne peut nager seule dans l'eau. Le cholestérol a donc recours à des protéines spécialisées dans le transport du gras pour se déplacer dans le sang. Ces substances portent le nom de *lipoprotéines*. Celles dont on entend le plus parler sont les lipoprotéines à basse densité, les *LDL*, d'après l'anglais *Low Density Lipoproteins*, et les lipoprotéines à haute densité, les *HDL* ou *High Density Lipoproteins*.

Les *LDL* vont chercher le cholestérol à la manufacture principale (le foie) et le transportent vers les cellules. Quand la quantité de cholestérol transportée par les LDL est excessive, les surplus collent à la paroi interne des artères, qui rétrécissent graduellement jusqu'à ce que le sang ne puisse plus passer. La crise cardiaque s'ensuit. Pour cette raison, les LDL n'ont pas très bonne réputation et elles sont surnommées le «mauvais cholestérol».

Les *HDL* sont responsables du transport de retour. Elles ramassent l'excès de cholestérol présent dans le sang et les cellules, peuvent s'attaquer au cholestérol collé aux artères et ramènent le tout au foie chargé de les éliminer à l'aide de la bile. À cause de leur action nettoyante, les HDL sont surnommées le «bon cholestérol».

Les *apolipoprotéines A1* et les *apolipoprotéines B*, qui voyagent avec les LDL et les HDL, sont de petites particules intelligentes qui reconnaissent les endroits où déposer le précieux colis, le cholestérol. Comme les *Apo-A1* voyagent sur les HDL, ou «bon cholestérol», et que les *Apo-B* voyagent sur les LDL, ou «mauvais cholestérol», les analyses sanguines qui révèlent une faible quantité de Apo-A1 et un excès de Apo-B ne sont pas de bonne augure. Dans certains cas, l'excès des Apo-B est relié à un problème d'origine génétique.

Autrefois, l'analyse sanguine ne révélait que la quantité totale de cholestérol présent dans le sang. Aujourd'hui, les analyses précisent les quantités de bon cholestérol (les HDL) et de mauvais (les LDL); certains laboratoires incluent même le taux des Apo-A1 et Apo-B. Lorsque le cholestérol total dépasse la norme de 5,2 mmol/litre, il y a un premier signe d'alarme. Mais lorsque les LDL (mauvais cholestérol) dépassent les 4,25 mmol/litre et que les HDL (bon cholestérol) sont inférieurs à 1 mmol/litre, le problème devient plus sérieux. Si, par contre, les HDL (bon cholestérol) dépassent les 2 mmol/litre et que le rapport entre le cholestérol total et les HDL est égal ou inférieur à 4,5, les possibilités de problèmes cardiovasculaires sont minces.

| Tableau 2 ANALYSE SANGUINE cholestérol total | | |
|---|---|---|
| 65 ans et plus | 6,2 mmol/L ou moins | acceptable |
| De 30 à 65 ans | 5,2 mmol/L ou moins | acceptable |
| | 6,2 mmol/L ou plus | à risque |
| De 18 à 29 ans | 4,6 mmol/L ou moins | acceptable |
| | 5,7 mmol/L ou plus | à risque |
| HDL (bon cholestérol) | | |
| HDL | 1,1 mmol/L ou plus | acceptable |
| | 0,9 mmol/L ou moins | à risque |
| Triglycérides | 2,3 mmol/L ou moins | acceptable |
| LDL (mauvais cholestérol) | | |
| 65 ans et plus | 4,1 mmol/L ou moins | acceptable |
| De 30 à 65 ans | 3,4 mmol/L ou moins | acceptable |
| | 4,2 mmol/L ou plus | à risque |
| De 18 à 29 ans | 3,0 mmol/L ou moins | acceptable |

Cela dit, le corps humain ne peut fonctionner normalement sans une bonne dose de cholestérol. Il en produit lui-même en quantité adéquate et il en reçoit en plus des aliments. Il utilise le cholestérol d'origine interne ou externe pour plusieurs travaux importants, dont le bon fonctionnement du cerveau, la production de certaines hormones et la formation de la vitamine D. L'organisme a tellement besoin de cette substance que, dès les premiers mois de vie, il en fournit au bébé à travers le lait maternel, même si la maman ne consomme jamais de cholestérol dans son alimentation.

Les risques de maladies cardiovasculaires associées à un excès de cholestérol sanguin ne surviennent que lorsque le système de transport est détraqué pour une raison ou pour une autre.

Les *triglycérides,* une autre substance grasse qui se promène dans le sang, ont tendance à augmenter lorsqu'il y a excès d'alcool, de gras et de sucreries. Bien qu'ils ne soient pas considérés comme un facteur de risque aussi important que le niveau élevé de LDL (mauvais cholestérol), il semble souhaitable de normaliser les valeurs à un niveau inférieur à 2,3 mmol/L.

## Le cholestérol alimentaire

Contrairement aux acides gras essentiels, le cholestérol présent dans les aliments est un élément nutritif dont le corps peut se passer, car il en fabrique lui-même. Une alimentation qui ne contient aucune trace de cholestérol ne provoque jamais de déficience à ce niveau. Par ailleurs, il n'y a ni *bon* ni *mauvais* cholestérol alimentaire, ni *HDL* ni *LDL* dans les aliments.

Seuls les aliments d'origine animale contiennent du cholestérol, certains plus que d'autres. Les abats, les œufs et le caviar en contiennent beaucoup tandis que la viande, la volaille et les produits laitiers en contiennent moins. Les aliments d'origine végétale, donc *toutes* les huiles végétales, les amandes, les noix, les graines, les produits céréaliers, les légumineuses, les fruits et les légumes notamment, ne renferment aucune trace de cholestérol. La division est aussi claire et nette que cela!

Les tableaux suivants énumèrent certains aliments qui contiennent peu de gras et beaucoup de cholestérol et d'autres qui sont riches en gras, mais qui n'ont aucune trace de cholestérol. De fait, ce n'est pas le cholestérol alimentaire qui a la plus grande influence sur le cholestérol sanguin.

| Tableau 3 QUELQUES ALIMENTS FAIBLES EN GRAS MAIS RICHES EN CHOLESTÉROL | | | |
|---|---|---|---|
| Aliment | Portion (g) | Gras (g) | Cholestérol (mg) |
| crevettes | 100 | 1,1 | 150 |
| crabe | 100 | 1,9 | 100 |
| ris de veau | 100 | 3,2 | 466 |
| foie de poulet | 100 | 5,5 | 631 |

| Tableau 4 QUELQUES ALIMENTS RICHES EN GRAS MAIS SANS CHOLESTÉROL | | | |
|---|---|---|---|
| Aliment | Portion | Gras (g) | Cholestérol (mg) |
| huile | 15 mL | 14 | 0 |
| avocat de Californie | 1 moitié | 15 | 0 |
| beurre d'arachide | 30 mL | 18 | 0 |
| croustilles | petit sac | 21 | 0 |
| noix mélangées | 75 mL | 28 | 0 |

## Les gras des aliments

Les aliments contiennent plusieurs sortes de gras qui peuvent influencer le cholestérol sanguin. Certains gras ont pour effet d'augmenter le mauvais cholestérol (LDL); d'autres provoquent l'effet contraire. Lorsque vous avez lu les étiquettes de certains produits alimentaires comme les margarines, vous avez fait connaissance avec le jargon des gras qui comprend les termes *saturés, polyinsaturés* et *monoinsaturés*. Ces trois types d'acides gras n'agissent pas de la même façon dans l'organisme; ils ont des caractéristiques et des propriétés qui leur sont propres.

Les acides gras sont des substances qui ont l'apparence de chaînes plus ou moins longues, selon les cas. On peut imaginer que les acides gras sont des gourmettes ou bracelets en mailles de métal, chacune de ces mailles étant liée à ses deux voisines et pouvant recevoir deux breloques, une de chaque côté de la maille.

Chaque maille d'un acide gras *saturé* a ses deux breloques et ne peut prendre aucune breloque additionnelle. Dans le cas d'un acide gras *monoinsaturé,* une seule maille est libre et peut recevoir deux breloques additionnelles. Dans le cas d'un acide gras *polyinsaturé,* au moins deux mailles sont libres et peuvent recevoir quatre nouvelles breloques.

**Gras saturé**

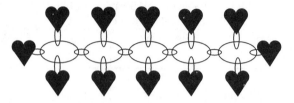

De plus, le chaînon d'un acide gras *saturé* est rigide comme une règle; «il est chimiquement verrouillé[1]», comme le souligne Jean-Marie Bourre; son comportement ne réserve aucune réaction chimique imprévue.

**Gras monoinsaturé**

**Gras polyinsaturé**

La chaîne d'un acide gras *monoinsaturé* est souple alors que celle d'un acide gras *polyinsaturé* est encore plus souple et vulnérable; son comportement et ses réactions chimiques sont moins prévisibles.

---

1. J.-M. Bourre, *Les bonnes graisses*, Paris, Éd.Odile Jacob, 1991.

Mais on ne mange pas des acides gras; on mange des aliments qui contiennent différents *mélanges* de gras saturés, monoinsaturés et polyinsaturés. Les viandes et les produits laitiers sont particulièrement riches en gras *saturés,* alors que l'huile de tournesol et l'huile de lin sont riches en gras *polyinsaturés;* les amandes, quant à elles, contiennent beaucoup de gras *monoinsaturés.*

Plus un aliment est riche en un type d'acide gras, plus il adopte le comportement de cet acide gras. Voyons de plus près les comportements des différents acides gras.

## Les gras saturés

La majorité des chercheurs dans le domaine affirment que les acides gras saturés ont tendance à faire monter le cholestérol sanguin chez les personnes vulnérables qui en consomment beaucoup.

Les acides gras saturés se retrouvent principalement dans les aliments d'origine animale, comme les viandes et les produits laitiers. Mais certains aliments d'origine végétale, comme l'huile de palme et l'huile de noix de coco, font exception à la règle et en contiennent aussi de bonnes quantités.

| Tableau 5 | | | | | |
|---|---|---|---|---|---|
| QUELQUES ALIMENTS RICHES EN GRAS SATURÉS | | | | | |
| Aliment | Portion | Gras (g) | Saturés (g) | Mono. (g) | Poly. (g) |
| camembert | 30 g | 6,88 | 4,33 | 1,99 | 0,2 |
| lait entier | 250 mL | 8,6 | 5,07 | 2,35 | 0,39 |
| beurre | 10 mL | 8,12 | 5,04 | 2,34 | 0,3 |
| noix de coco | 125 mL | 13,4 | 12,38 | 0,57 | 0,15 |

## Les gras polyinsaturés

Les acides gras polyinsaturés favorisent la diminution du cholestérol sanguin; ils abaissent le taux du mauvais cholestérol (LDL) mais aussi celui du bon (HDL), ce qui n'est pas vraiment avantageux. Cette action ambivalente est reconnue depuis peu par la communauté scientifique.

De plus, les gras polyinsaturés sont très riches en acides gras essentiels, soit l'*acide linoléique* et l'*acide alpha-linolénique* dont nous avons abondamment parlé au chapitre premier.

Les principales sources de gras polyinsaturés sont les huiles végétales, comme les huiles de maïs, de soya, de germe de blé, de carthame, de tournesol, de sésame, de noix, de lin, les graines de tournesol et de sésame.

| Tableau 6 QUELQUES ALIMENTS RICHES EN GRAS POLYINSATURÉS | | | | | |
|---|---|---|---|---|---|
| Aliment | Portion | Gras (g) | Saturés (g) | Mono. (g) | Poly. (g) |
| huile de soya | 15 mL | 13,5 | 2 | 3,2 | 7,8 |
| huile de lin | 15 mL | 13,5 | 1,3 | 2,7 | 9 |
| noix | 125 mL | 35,4 | 2,3 | 8 | 23,4 |

## Les gras de poissons (oméga-3)

La famille des acides gras polyinsaturés ne s'arrête pas là puisque ceux contenus dans les poissons font de plus en plus parler d'eux.

Les gras de poissons, qu'on appelle couramment les oméga-3, doivent leur popularité à des chercheurs hollandais qui ont noté une consommation importante de ces gras chez les Inuit du Groenland; ceux-ci présentaient une faible incidence d'athérosclérose et de maladies cardiovasculaires. Des recherches plus poussées ont montré que les gras de poissons n'ont pas tellement d'influence sur le cholestérol sanguin; de plus, ils favorisent une baisse des triglycérides, rendent le sang plus fluide et préviennent la formation de caillots susceptibles de bloquer les artères. Dans certaines études, on a même remarqué leur action bénéfique sur la pression artérielle.

| Tableau 7 QUELQUES ALIMENTS RICHES EN GRAS OMÉGA-3 | | | |
|---|---|---|---|
| Aliment | Portion (g) | Gras (g) | Oméga-3 (g) |
| **Poissons maigres** morue, aiglefin, coquillages, plie, sole, flétan, thon | 100 | moins de 4 | moins de 0,5 |
| **Poissons gras** saumon, espadon | 100 | de 4 à 8 | de 0,5 à 2 |
| **Poissons très gras** hareng, maquereau | 100 | plus de 8 | plus de 2 |

## La vulnérabilité des gras polyinsaturés

Les acides gras polyinsaturés ont de grandes qualités, mais ils ont aussi un grand défaut: ils s'oxydent facilement et rapidement. Il est relativement simple de reconnaître un phénomène d'oxydation dans un aliment: celui-ci acquiert alors un goût rance, piquant, pas très agréable.

Dans le corps humain, l'oxydation est un processus naturel qui favorise la production d'énergie, mais elle est aussi à l'origine de la formation de substances toxiques appelées radicaux libres.

Ainsi, dans notre organisme, les gras polyinsaturés oxydés, dits également peroxydés, deviennent incapables de jouer adéquatement leur rôle de protecteur au niveau de la membrane cellulaire.

La nature a toutefois prévu le coup et a doté les aliments riches en gras polyinsaturés d'un bouclier naturel qui protège à la fois le gras et la cellule. Ce bouclier, c'est la vitamine E, que l'on dit antioxydante. Mais lorsque celle-ci est plus ou moins détruite lors de la transformation des aliments, elle ne peut suffire à la tâche.

# Les gras monoinsaturés

Pendant longtemps, les acides gras monoinsaturés ont vécu dans l'ombre, puisqu'ils étaient perçus comme n'ayant aucun pouvoir sur le cholestérol sanguin. Aujourd'hui, grâce à des études effectuées chez les populations méditerranéennes, grandes consommatrices d'huile d'olive riche en gras monoinsaturés, cette sorte de gras est reconnue comme protectrice du bon cholestérol, les HDL, et peut même l'augmenter. Elle peut également diminuer les LDL, le mauvais cholestérol, mais ne fait pas baisser les HDL.

Les principales sources alimentaires d'acides gras monoinsaturés sont l'huile d'olive, l'huile de canola, les amandes, l'huile de noisette, l'avocat.

Ainsi, des chercheurs ont récemment démontré qu'un régime alimentaire contenant 100 g d'amandes par jour et de l'huile d'amande pour la cuisson pouvait baisser le cholestérol total, les LDL (le mauvais cholestérol), sans affecter les HDL (le bon cholestérol).

Les gras monoinsaturés sont chimiquement plus stables, plus résistants à l'oxydation que les gras *polyinsaturés,* un atout de plus dans leur jeu.

| Tableau 8 QUELQUES ALIMENTS RICHES EN GRAS MONOINSATURÉS | | | | | |
|---|---|---|---|---|---|
| Aliment | Portion | Gras (g) | Saturés (g) | Mono. (g) | Poly. (g) |
| saumon atlantique | 100 g | 13 | 2,4 | 5,5 | 3,4 |
| huile d'olive | 15 mL | 13,6 | 1,8 | 9,9 | 1,1 |
| pistaches | 125 mL | 33,5 | 4,3 | 22,8 | 5,1 |
| amandes | 125 mL | 38,8 | 3,6 | 24,7 | 8 |
| avocat | 1 moitié | 15 | 2,5 | 10 | 1,8 |

## Les graisses hydrogénées et acides gras *trans*

Les acides gras dont nous avons parlé jusqu'à maintenant sont contenus naturellement dans les aliments. Cependant, parmi eux, certains subissent des transformations majeures; on les appelle alors graisses hydrogénées.

L'hydrogénation est un procédé industriel qui permet de durcir les huiles pour en faire des shortenings et des margarines. Cette transformation augmente la durée de conservation et rend ces gras plus résistants aux fortes températures de cuisson. Il existe sur le marché toute une gamme de graisses et d'huiles plus ou moins hydrogénées. On retrouve également un grand nombre de produits qui contiennent du gras hydrogéné comme les biscuits, les craquelins, les croustilles, les produits de boulangerie, le beurre d'arachide, les bases de soupes, etc.

Lorsque les huiles et les graisses sont hydrogénées, les acides gras polyinsaturés perdent leur forme naturelle, appelée *cis,* et revêtent une nouvelle forme, appelée *trans.*

On a comparé précédemment un acide gras à un bracelet de mailles auquel étaient attachées des breloques. Lorsque les breloques sont placées de chaque côté du maillon, on parle de la forme *cis;* si on déplace une breloque pour l'attacher de l'autre côté du maillon, on parle de la forme *trans,* qu'on appelle aussi *isomère trans.*

**Forme *cis***

**Forme *trans***

Cette petite modification change le comportement global des acides gras polyinsaturés; ainsi, dans leur forme *trans,* ils agissent comme s'ils étaient des gras *saturés,* augmentent le cholestérol sanguin, particulièrement les LDL, le mauvais cholestérol, tout en diminuant le bon cholestérol, les HDL. Ils contribuent alors à augmenter les risques de maladies cardiovasculaires.

**Tableau 9**
CONTENU EN GRAS *TRANS* DE QUELQUES ALIMENTS*

| Aliment | Portion | Gras total (g) | Gras *Trans* (g) |
|---|---|---|---|
| beignet | 1 | 18 | 4,8 |
| croissant | 1 | 13 | 4,7 |
| craquelins | 10 petits | 10 | 4,4 |
| biscuits | 2 ou 3 | 38 | 10,3 |
| frites | petite portion | 12 | 4,4 |
| croustilles | petit sac | 15 | 5,3 |
| margarine molle | 10 mL | 9 | de 0,9 à 1,8 |
| margarine dure | 10 mL | 9 | de 1,9 à 3,8 |

* Ces aliments sont préparés ou cuits avec de l'huile végétale partiellement hydrogénée.

Tout comme les acides gras essentiels, les isomères *trans* produisent eux aussi des dérivés, mais qui ne fonctionnent plus comme les prostaglandines originales. Ils affectent la membrane cellulaire elle-même et n'envoient plus les mêmes messages aux cellules.

Il est malheureusement impossible de connaître la quantité d'acides gras *trans* qui se trouve dans nos aliments puisque l'étiquetage ne le mentionne pas; mais ce que nous savons, c'est que plus un aliment est *hydrogéné,* plus il contient d'acides gras *trans.*

*Comme vous le voyez, l'affaire cholestérol n'est pas simple. Il ne s'agit pas de «manger sans cholestérol» pour abaisser le taux de cholestérol sanguin. Tous les gras de notre alimentation et ceux de notre organisme interagissent dans nos cellules et nos artères pour nous aider ou nous nuire.*

# CHAPITRE IV

# *Une nouvelle règle d'or*

## La consommation de gras à travers les âges

Le gras fait partie de l'alimentation humaine depuis la nuit des temps, et loin de nous l'idée de le supprimer en cette fin de XXᵉ siècle. Mais avant d'énoncer une nouvelle règle d'or pour orienter la consommation de gras, remontons dans l'histoire pour voir les changements spectaculaires qui sont survenus tant au niveau des sortes de gras que des quantités consommées.

Certaines informations remontent même à la préhistoire! Des anthropologues américains ont étudié le type d'aliments consommés par l'humain il y a 25 000 ans. Selon leurs recherches, celui-ci mangeait beaucoup de gibier et de poisson, aliments beaucoup moins riches en gras *saturés* que les viandes d'aujourd'hui, mais plus riches en gras *polyinsaturés* et en *oméga-3*, et tout aussi riches en cholestérol. Le menu était complété par des racines, des légumineuses, des noix, des tubercules et des fruits sauvages, aliments riches en fibres, en vitamine C et en sels minéraux. Ainsi, l'homme et la femme des cavernes mangeaient moins de gras que nous (soit environ 20 % des calories de la journée), et du gras de meilleure qualité.

La culture des céréales, amorcée 10 000 ans avant Jésus-Christ, a bouleversé les habitudes alimentaires de l'humanité en augmentant le contenu de fibres du menu et en réduisant la part du gras à moins de 15 % des calories de la journée. Puis l'huile d'olive a fait son apparition sur les rives de la Méditerranée il y a 5000 ans; le beurre s'est installé un peu plus tard dans la cuisine des Vikings et des Normands. Dans ces deux derniers cas, il s'agissait d'aliments précieux consommés en petite quantité et réservés aux grandes occasions. Qui ne se souvient pas du Petit Chaperon rouge et de son petit pot de beurre pour sa mère-grand? Un cadeau impensable de nos jours... À la fin du XIXᵉ siècle, nos arrière-grands-parents québécois mangeaient des fèves au lard, de la tourtière et du ragoût de pattes, mais pas tous les jours!

Les choses se sont un peu gâtées depuis, dans les pays industrialisés en particulier. Sauf quelques exceptions, plus un peuple est riche, plus il mange gras. Plus il est industrialisé, plus il consomme des graisses hydrogénées, des aliments frits, bref, du *mauvais* gras.

Le statut du gras est lentement passé d'aliment précieux à celui d'aliment encombrant, ruinant l'équilibre et la santé. L'assiette quotidienne s'est enrichie de viande, de pommes de terre, de légumes racines et de nombreuses tranches de pain «beurrées». On cuisinait avec du beurre, du shortening et du lard et on ignorait tout de l'huile à salade.

Puis les décès par maladies cardiovasculaires ont atteint leur sommet vers la fin des années cinquante. Alors les scientifiques ont commencé leur réflexion sur la relation entre ces différents gras et les maladies.

Pour diverses raisons, la consommation de gras s'est graduellement et profondément modifiée: l'industrie alimentaire a découvert qu'il était possible de stabiliser les huiles en les raffinant et en les hydrogénant pour les conserver plus longtemps; le consommateur a développé un goût prononcé pour les fritures et les aliments transformés, cuisinés par les autres. Ainsi,

- les gras d'origine animale ont peu à peu cédé la place aux gras d'origine végétale, mais raffinés et hydrogénés;
- la consommation quotidienne de gras est passée de 25 % à 40 % des calories de la journée;
- la margarine a remplacé en bonne partie le beurre;
- les acides gras *trans* se sont infiltrés partout, dans les craquelins, le pain, les croustilles, la margarine, les biscuits et le beurre d'arachide;
- les fritures font partie d'un grand nombre de repas minute.

Tout comme les Américains et les Européens, les Canadiens mangeaient en 1983 plus de gras — et plus de mauvais gras — que jamais, soit l'équivalent de 42 % de toutes leurs calories de la journée, un record de tous les temps. En 1990, on évaluait qu'au Canada, plus de 50 % des huiles végétales étaient *hydrogénées*. Les enquêtes récentes révèlent une réduction de la consommation du gras total; d'autre part, l'enquête Santé Québec, diffusée au printemps 1993, identifie les principales sources de gras au menu des Québécois: en tête de peloton, la margarine molle, qui fournit à elle seule autant de gras que les viandes et les volailles.

Actuellement, la consommation quotidienne de gras atteint entre 70 g et 80 g pour une femme qui mange entre 1600 et 2000 calories par jour et 105 g pour un homme qui consomme 2500 calories par jour (voir les tableaux des pages en appendice pour traduire ces grammes de gras en aliments de toute sorte).

La consommation actuelle de gras constitue un problème pour deux raisons:

- elle dépasse l'apport jugé raisonnable par les experts, soit 30 % des calories de la journée;
- elle ne fournit pas nécessairement les acides gras essentiels compatibles avec nos besoins réels.

## Nos besoins réels au cours d'une vie

Comme nous l'avons vu au chapitre premier, toutes les cellules du corps humain ont besoin de gras pour fonctionner normalement, mais les doses requises ne correspondent plus du tout aux quantités consommées. Par ailleurs, nos cellules ne fonctionnent harmonieusement qu'avec une seule sorte de gras, les *acides gras essentiels*, linoléique et alpha-linolénique, qui agissent tous les deux de façon complémentaire. Malheureusement, ces deux acides gras essentiels sont très vulnérables à la chaleur, au processus de raffinage, à l'oxydation et à la compétition menée par les autres gras du menu. Sans parler de déficiences sévères, certains experts relient plusieurs de nos maladies actuelles à un manque de ces acides gras essentiels. En clinique, nous rencontrons des personnes qui avalent des quantités faramineuses de fritures, de margarine et de biscuits contenant du gras hydrogéné, qui ont des taux élevés de cholestérol sanguin et une peau sèche dépourvue des bons acides gras.

Comparativement aux 75 g, ou 100 g de gras total consommés chaque jour à l'heure actuelle, nos besoins quotidiens réels en acides gras essentiels se chiffrent à:

- entre 7 g et 11 g d'*acide linoléique*,
- entre 1,1 g et 1,8 g d'*acide alpha-linolénique*.

L'équilibre entre les deux est primordial, car trop de l'un peut nuire à l'action de l'autre. Les besoins varient assez peu au cours de la vie, mais ils sont proportionnels à nos besoins en calories. Ainsi, l'adolescent qui grandit nécessite une plus grande quantité d'acides gras essentiels qu'une femme sédentaire.

On retrouve ces gras principalement dans les aliments d'origine végétale et en proportion moindre dans les aliments d'origine animale. Par exemple:

- une cuillère à soupe de beurre renferme 0,45 g d'acides gras essentiels tandis qu'une cuillère à soupe d'huile de noix en renferme 8,6 g;
- une tasse de crème glacée fournit 23 g de gras total, mais seulement 1 g d'acides gras essentiels;
- une part de quiche Lorraine (crème, œufs, jambon) fournit 41 g de gras total, mais seulement 2,9 g d'acides gras essentiels;
- une tasse de fèves soya cuites fournit 15 g de gras total, et rapporte 8,7 g d'acides gras essentiels;
- un cube de fromage cheddar fournit 10 g de gras total, mais seulement 0,2 g d'acides gras essentiels;
- une cuillère à soupe de graines de tournesol fournit 4,3 g de gras total, et rapporte 2,8 g d'acides gras essentiels.

Les produits céréaliers entiers qui ont conservé leur son et leur germe fournissent beaucoup plus d'acides gras essentiels que le pain blanc et les céréales raffinées:

- un bol de müesli fournit 3,03 g d'acides gras essentiels comparativement à un bol de Corn Flakes qui n'en a que 0,78 g;
- une tranche de pain de blé entier renferme 0,4 g d'acides gras essentiels alors que le pain blanc n'en contient que 0,22 g.

Les fruits et les légumes contiennent une infime quantité de gras, mais ils fournissent des acides gras essentiels.

À l'inverse, viandes et produits laitiers renferment peu d'acides gras essentiels malgré leur contenu plus important de gras total et de gras saturés:

- 200 g de yogourt nature fait de lait partiellement écrémé fournit 3,5 g de gras total, 2 g de gras saturé dont seulement 0,1 g d'acides gras essentiels;
- un œuf entier contient 6 g de gras total dont seulement 0,7 g d'acides gras essentiels;
- 30 g (1 oz) de fromage suisse contient 8 g de gras total dont seulement 0,3 g d'acides gras essentiels;
- 90 g (3 oz) de veau grillé contient 9 g de gras total dont seulement 0,6 g d'acides gras essentiels.

Les poissons renferment un tout autre type de gras qui est proportionnellement plus riche en acides gras essentiels que les viandes:

- 90 g (3 oz) de saumon fournit 5 g de gras dont 1,9 g d'acides gras essentiels;
- 90 g (3 oz) de crabe fournit 3 g de gras dont 0,5 g d'acides gras essentiels.

Tel qu'il a été mentionné, les deux acides gras essentiels résistent mal au raffinage, à la chaleur et à la friture. Lorsqu'ils sont agressés par ces divers processus, ils se décomposent et perdent leurs pouvoirs. Ils deviennent alors incapables d'agir normalement dans la cellule et peuvent même être nuisibles. Leur pouvoir résiste assez mal aux transformations apportées par l'industrie ou par la cuisinière; ainsi, plus un aliment est transformé et chauffé, plus il perd ses acides gras essentiels.

Une alimentation composée d'aliments frais, variés et peu transformés peut théoriquement répondre à nos besoins réels en acides gras essentiels, même si elle ne contient aucun gras visible.

## Les recommandations actuelles et leurs limites

Le message actuel concernant la *consommation désirable de gras* ne vise pas le respect de nos besoins réels en acides gras essentiels; il encourage plutôt une diminution de notre consommation excessive de gras. Tous les organismes officiels, entre autres l'Organisation mondiale de la santé, l'American Heart Association, la Fondation des maladies du cœur ou la Fondation québécoise pour la prévention du cancer, chantent à l'unisson que cet apport désirable de gras doit se situer à 30 % des calories de la journée. Santé et Bien-être social Canada décrétait en 1990 que «le régime alimentaire des Canadiens ne devrait pas fournir plus de 30 % de la quantité totale d'énergie sous forme de gras» dans le but de réduire l'incidence des maladies cardiovasculaires et de certains cancers. On suggère de répartir les différents gras en quantités égales de *saturés, monoinsaturés* et *polyinsaturés*. À notre avis, cette recommandation est incomplète, car elle crée une bataille de chiffres sans éveiller la méfiance face aux gras qui nuisent à la santé et sans créer un souci pour la *qualité*.

Premièrement, la restriction des gras à 30 % des calories est assez mal comprise des consommateurs. Destinée aux professionnels de la santé, cette notion a bondi sur la place publique; elle se retrouve sur les étiquettes ou dans les messages publicitaires et sème beaucoup de confusion. Le consommateur a retenu l'idée que chaque aliment doit respecter la consigne des 30 % de gras. Il ne croit plus avoir droit à une vraie vinaigrette à l'huile, à des noix ou à un avocat. Or l'esprit de la recommandation vise à réduire la quantité totale de gras pour l'ensemble des trois repas de la journée. Même remise dans ce contexte, la notion des 30 %, pour être bien utilisée, sous-entend plusieurs calculs et demeure abstraite.

Deuxièmement, le message actuel donne très peu d'importance à la notion de qualité des gras. Il suggère de «*réduire le gras total en choisissant des produits laitiers moins gras, des viandes plus maigres et des aliments préparés avec peu ou pas de matières grasses»*, mais il n'émet aucune mise en garde contre les gras transformés, *hydrogénés* et les *isomères trans* qui diminuent le bon cholestérol sanguin, nuisent à la perméabilité des cellules et augmentent les risques d'accidents cardiovasculaires. Parler de quantité de gras sans miser sur la *qualité* est un non-sens. Quelques recherches récentes tendent même à démontrer que la *qualité* du gras a plus d'impact sur la santé cardiovasculaire que la limite des 30 %.

Une étude effectuée en Californie auprès d'hommes ayant un taux élevé de cholestérol sanguin a évalué l'importance de la *qualité* des gras tout en augmentant le gras total de 28 % à 37 % des calories de la journée. On a donc remplacé une bonne partie du gras *saturé* par du gras *monoinsaturé* provenant d'amandes et d'huile d'amande. Résultat: le cholestérol total et les LDL (mauvais cholestérol) des sujets ont chuté de 10 %.

Une autre étude du genre a été menée en Espagne auprès de femmes n'ayant pas de problème de cholestérol. Les chercheurs ont utilisé trois différentes qualités de gras; le premier menu était riche en gras *saturés,* le second, en gras *polyinsaturés* et le troisième, en gras *monoinsaturés.* Malgré un apport de gras s'élevant à 36 % des calories dans les trois cas, le troisième menu conçu autour de l'huile d'olive a diminué le cholestérol total ainsi que les LDL (mauvais cholestérol) et a maintenu une meilleure proportion des HDL (bon cholestérol) que les deux autres menus.

Une étude australienne a comparé l'impact d'un menu riche en féculents et faible en gras (20 % des calories) avec un menu riche en gras (36 % des calories) de type *monoinsaturé.* Quinze femmes en bonne santé âgées entre 37 et 58 ans ont vu leur taux de cholestérol total baisser avec les deux menus; toutefois, le menu gras de type *monoinsaturé* a favorisé une diminution plus importante des LDL et le maintien des HDL. En revanche, le menu moins gras a fait chuter les HDL de 13,9 %. Les auteurs de l'étude ont conclu qu'un menu riche en gras *monoinsaturés* semble plus efficace pour réduire le cholestérol qu'un menu faible en gras.

Une étude menée en Okinawa, région japonaise où les gens vivent plus vieux et où l'incidence des maladies cardiovasculaires est plus basse qu'ailleurs au Japon, a aussi démontré que le pourcentage de gras dans l'alimentation n'est pas toujours le facteur le plus important. Les Japonais de cette région mangent 29 % de gras comparativement à 25 % pour l'ensemble du Japon, mais les auteurs soulignent que le rapport entre les deux acides essentiels est différent et qu'il y a dans leur alimentation un peu plus d'acide alpha-linolénique qu'ailleurs au pays.

Plusieurs autres études récentes, dont celle du D$^r$ Walter Willett (voir le chapitre II), soulignent les méfaits des acides gras *trans* (gras *hydrogénés* comme dans la margarine) même à l'intérieur d'une alimentation respectant la norme des 30 % de gras; ces gras affectent négativement le bon cholestérol et augmentent les risques de maladies cardiovasculaires.

Il ressort de ces études que la *qualité* des différents gras consommés serait plus importante pour la santé que la norme des 30 %.

Troisièmement, ces fameux 30 % de gras constituent sans doute une meilleure mesure que le *statu quo* actuel des 34 % à 40 %, car ils semblent réduire le cholestérol sanguin chez des personnes vulnérables. Cependant, cette seule restriction ne permet pas le nettoyage des artères bloquées chez les grands cardiaques, au contraire! Les études du D$^r$ Ornish ont montré qu'il fallait réduire le gras jusqu'à 10 % des calories pour réussir à débloquer les artères des grands cardiaques tout en augmentant l'activité physique et les moments de détente.

Le D$^r$ Colin Campbell, de l'Université Cornell, coordonnateur d'une immense étude appelée *The China Study*, effectuée dans soixante-cinq cantons de la République de Chine, a mis en parallèle l'alimentation des Chinois dans les diverses régions, les paramètres sanguins et les principales causes de mortalité. Ayant noté que l'alimentation chinoise ne renfermait que 15 % de gras et que les maladies cardiovasculaires ne comptaient que pour 1 % des décès, il a exprimé de sérieuses réserves quant à la norme des 30 % des Nord-Américains qu'il qualifie de «chiffre politique». Il a également émis l'opinion que pour prévenir divers cancers, dont le cancer du sein, l'alimentation devrait contenir plus d'aliments d'origine végétale et ne pas inclure plus de 20 % des calories sous forme de gras.

## Le paradoxe français

Dans tout ce débat autour du gras, les Français se retrouvent au cœur d'une contradiction scientifique que les experts appellent *le paradoxe français*. Ainsi, les Français consomment autant de gras *saturés* que les Nord-Américains ou que les Européens avoisinants, mais ils bénéficient d'une incidence moins élevée de mortalité cardiovasculaire. L'équation gras saturé dans l'assiette, cholestérol élevé dans le sang et infarctus à 60 ans ne se vérifie pas chez eux comme partout ailleurs dans les pays industrialisés. Les théories mises de l'avant depuis vingt-cinq ans cèdent soudainement la place à de nouvelles hypothèses qui en réjouissent plusieurs, car le vin rouge est mis à l'honneur par certains experts.

Plusieurs équipes de chercheurs américains et européens tentent d'élucider le mystère et mènent diverses études pour comparer les habitudes alimentaires des Français à celles des autres populations industrialisées. Dès l'automne 1991, les journalistes se sont emparés du dossier sans attendre les résultats des études. Depuis, l'équipe du Dr Serge Renaud, de l'INSERM en France, a souligné l'action protectrice du vin rouge par l'intermédiaire des HDL (bon cholestérol); d'après cette équipe, le vin rouge aurait le pouvoir d'inhiber l'action négative des plaquettes sanguines même sous l'influence d'un repas gras. En temps normal, plus un repas renferme de gras saturés, plus les plaquettes réduisent la fluidité du sang et plus les risques d'infarctus sont élevés. Une autre équipe de chercheurs de la Californie a mesuré l'action protectrice de polyphénols dans le vin rouge et a conclu que les polyphénols ont une action antioxydante encore plus puissante que celle de la vitamine E pour protéger l'intégrité des gras dans le sang, la vitamine E étant une vitamine antioxydante reconnue.

De notre côté, nous avons comparé la consommation de gras des Français au début des années soixante-dix à celle des autres pays industrialisés et avoisinants; nous avons constaté une nette différence dans la *qualité* des gras consommés. Alors que les Néerlandais avalaient 22 kg de margarine et de shortening par année, que les Suédois en absorbaient 18 kg, que les Allemands et les Nord-Américains en mangeaient plus de 12 kg, les

Français n'étaient qu'au beurre et à l'huile (voir le tableau 10). D'autre part, les Français ont toujours connu l'art des bonnes vinaigrettes à l'huile d'olive ou à l'huile de noix, deux huiles riches en acides gras essentiels et qui contiennent des polyphénols et de la vitamine E, deux antioxydants perdus dans les huiles raffinées. Ils ont résisté plus longtemps que leurs voisins européens à la margarine et aux autres gras hydrogénés riches en isomères *trans* qui augmentent les risques cardiovasculaires. Ils sont également amateurs de bons poissons frais riches en gras oméga-3. Bref, ils semblent avoir su choisir une meilleure *qualité* de gras.

**Tableau 10**
CONSOMMATION DE GRAS PAR PERSONNE (Livres/année), 1975

| Pays | Gras total | Gras animal | | Gras hydrogénés | | Huiles |
|---|---|---|---|---|---|---|
| | | Beurre | Lard* | Margarine | Shortening | |
| France | 50 | 18,9 | 0,7 | 7 | 1,8 | 21,6 |
| Allemagne | 61,8 | 15,4 | 12,5 | 18,2 | 7,3 | 8,4 |
| Japon | 21 | 1,1 | 2 | 2,9 | 2 | 13 |
| Pays-Bas | 68 | 5,1 | 3 | 31,7 | 3 | 10,6 |
| Suède | 57,4 | 11,7 | 0,9 | 38,5 | 0,9 | 3,7 |
| Royaume-Uni | 56,3 | 19,6 | 7,9 | 11 | 7,9 | 13,2 |
| États-Unis | 53,7 | 4,8 | 3,1 | 10,8 | 3,1 | 17,6 |

* Et autres types de gras animal.
*Source:* Gander, K. F., «Fats in the diet», *J. Am. Oil Chemist Soc.*, 53:417, 1976.

D'autres composantes de leur vie et de leur menu, comme l'activité physique régulière, le temps réservé aux repas, la consommation abondante de légumes et de fruits frais, peuvent aussi contribuer à expliquer cette incidence moins élevée de maladies cardiovasculaires. Mais le mot de la fin reste à venir.

Pour nous, la notion de *qualité* des gras consommés semble très importante dans tout ce dossier.

## La démarche proposée

Nous vous proposons de mettre l'accent sur la *qualité* des gras avant de vous attarder à la *quantité*.

Choisissez des aliments qui fournissent l'un ou l'autre des deux *acides gras essentiels*; vous avez l'embarras du choix car plusieurs en contiennent. N'oubliez cependant pas que plus l'aliment est frais, moins il a été chauffé et transformé, plus il renferme les bons gras en pleine possession de leurs pouvoirs.

Après avoir évalué l'impact des divers gras sur les maladies cardiovasculaires, les cancers et le système immunitaire, nous retenons trois meilleures sources de gras dans notre liste des *bons* gras: les aliments riches en *gras monoinsaturés*, en *acide alpha-linolénique* et en *oméga-3*. Les gras *polyinsaturés* riches en *acide linoléique* ne font pas partie de notre liste prioritaire parce qu'ils font descendre les *HDL* (bon cholestérol) et peuvent nuire au système immunitaire s'ils sont consommés en trop grande quantité. Ce sont de *bons* gras, mais après avoir été le premier choix pendant des années, ils sont actuellement relégués à un rôle complémentaire à cause de leurs actions reconnues ambivalentes.

Quant aux gras *saturés*, diminuez votre consommation. Soyez particulièrement sévère si votre taux de cholestérol est trop élevé.

Le même exercice nous amène à conclure que les aliments riches en gras *hydrogénés* et en huiles *tropicales* sont les *mauvais* gras à mettre de côté.

## Au marché

Lorsque vous ferez vos prochains achats, tenez compte des sources des différents gras. Vous avez le choix entre acheter les *bons* gras dans une huile ou avoir recours à une gamme d'aliments sains qui renferment de plus petites quantités des bons gras. La première option fournira probablement plus de gras que la seconde, mais la *qualité* jouera un rôle important en définitive.

Parmi les meilleures sources de gras *monoinsaturés* se trouvent l'huile d'olive extra-vierge, l'huile de canola pressée à froid, l'huile de noisette pressée à froid, l'avocat frais et les amandes.

Parmi les meilleures sources d'*acide alpha-linolénique,* on retrouve l'huile de lin pressée à froid, l'huile de noix pressée à froid, l'huile de soya pressée à froid, le brocoli et tous les légumes verts.

Les meilleures sources de gras *oméga-3* comprennent le saumon et les autres poissons particulièrement gras, mais aussi toute la famille des poissons et des fruits de mer.

Parmi les meilleures sources de gras *polyinsaturés,* de petites quantités d'huiles de tournesol, de maïs, de carthame, de sésame peuvent être intéressantes surtout si elles sont pressées à froid, mais il ne semble pas avantageux d'en utiliser régulièrement ni abondamment.

Parmi les principales sources de gras *saturés,* on trouve le beurre, les crèmes et crèmes glacées, les fromages, les charcuteries, les viandes dont le bœuf, le veau, l'agneau, le porc et les aliments préparés avec ces ingrédients.

Éliminez le plus possible tous les gras *hydrogénés* qui sont les *mauvais* gras. Parmi les principales sources de gras hydrogénés se trouvent les margarines dures et molles[1], les beurres d'arachide réguliers, les frites et les fritures, les craquelins et croustilles, ainsi que divers produits de boulangerie. Lisez attentivement les étiquettes pour déceler la présence de ces gras.

Supprimez également le plus d'aliments riches en huiles *tropicales* (voir page 102).

Pour retrouver les *bons* gras dans d'autres aliments, augmentez vos achats de produits céréaliers *entiers,* qui sont beaucoup plus riches en acides gras essentiels que les produits raffinés. Ne négligez pas les légumineuses, les légumes très verts et les fruits frais. Consommez l'avocat frais car il déborde de *bons* gras. Remplacez les biscuits et craquelins par des noix ou des graines, excellentes sources de gras *essentiels.*

## À la cuisine

Utilisez les huiles sous leur meilleure forme, c'est-à-dire *crues* dans les salades ou versées sur les aliments juste après la

---

1. Il existe sur le marché une margarine sans gras hydrogéné, mais savons-nous ce que les études en diront dans 20 ans?

cuisson. Faites cuire vos aliments sur un feu doux et évitez la friture, cuisson extrêmement nocive (voir aussi le chapitre VI). De cette façon, vous réduisez le plus possible la décomposition des acides gras et retenez leur effet bénéfique.

Au chapitre VIII, vous découvrirez d'autres trucs culinaires pour favoriser la qualité sans en abuser.

## Adoptez les quantités qui vous conviennent

Vous pouvez adopter le modèle d'une alimentation variée, peu transformée et combler vos besoins réels en acides gras essentiels, soit entre 7 g et 11 g d'acide linoléique et entre 1,1 g et 1,8 g d'acide alpha-linolénique, tout en consommant beaucoup moins que la norme des 30 % des calories de la journée sous forme de matières grasses. Élaborez alors votre menu en incluant chaque jour:

- 5 ou 6 portions de produits céréaliers entiers,
- 3 ou 4 portions de fruits frais,
- 3 ou 4 portions de légumes frais,
- 1 portion de légumineuses,
- 1 portion de viande, de volaille ou de poisson,
- 2 ou 3 portions de produits laitiers allégés (lait et yogourt).

Même sans gras visible, sans huile, sans beurre, sans noix ou graines, vous comblez vos besoins réels en acides gras essentiels et mangez plus de 20 g de gras contenus dans ces aliments de qualité. Bien entendu, cette option est radicale, mais elle peut répondre à vos besoins réels si le choix des aliments est judicieux (voir le modèle sans gras visible du tableau 11).

Vous pouvez également choisir une alimentation moins stricte, qui dépasse vos besoins réels en acides gras essentiels et inclut une petite quantité de gras visible de bonne *qualité.* Tout dépend de votre état de santé.

## Ce qu'il faut retenir

Si vous souffrez d'un grave problème cardiovasculaire ou d'un cancer, il est préférable de limiter la quantité totale de gras à vos besoins réels en acides gras essentiels. Votre alimentation sera quasi végétarienne sans gras visible ou presque.

Si vous êtes en bonne santé mais avez un problème de poids, vous pouvez adopter un menu presque aussi strict que le modèle suggéré au tableau 11 et bénéficier d'une perte de poids importante.

Si vous êtes en bonne santé et avez un poids-santé, favorisez la *qualité* des gras à l'intérieur d'un menu riche en grains entiers, en fruits et légumes, en poissons, en volailles et en produits laitiers allégé. Voir les suggestions au tableau 12.

Si vous êtes un amateur de friture, de margarine et de craquelins, sources de mauvais gras, sortez votre calculatrice mais n'attendez pas des miracles.

---

*Il est toujours avantageux de choisir les gras qui vous font du bien: les aliments riches en gras monoinsaturés, en acide alpha-linolénique et en oméga-3.*

*Il est toujours avantageux de surveiller de plus près les gras qui peuvent susciter des problèmes: les aliments riches en gras saturés.*

*Il est toujours avantageux d'éliminer le plus possible les huiles tropicales et les gras qui changent le comportement des acides gras essentiels et qui nuisent à votre santé: les aliments riches en gras hydrogénés.*

| | **Tableau 11**<br>UN MODÈLE ALIMENTAIRE SANS GRAS VISIBLE[2]<br><br>6 portions de produits céréaliers entiers<br>6 ou 7 portions de légumes et de fruits<br>3 portions de produits laitiers allégés<br>1 portion de viande, de volaille ou de poisson<br>1/2 portion de légumineuses | | | |
|---|---|---|---|---|
| Groupe | Les bons choix | Gras total<br><br>(g) | Acides gras | |
| | | | linoléique<br><br>(g) | alpha-linolénique<br>(g) |
| **Produits céréaliers** | 1 bol de céréales de son | 1,2 | 1,66 | 0,12 |
| | 3 tranches de pain de grains entiers | 1,8 | 0,79 | 0,06 |
| | 250 mL (1 tasse) de riz brun | 1,8 | 0,6 | 0,03 |
| **Légumes** | 1 pomme de terre au four | 0,2 | 0,05 | 0,02 |
| | 1 portion de brocoli et chou-fleur | 0,3 | 0,03 | 0,11 |
| | 1 salade de laitue romaine | 0,2 | 0,04 | 0,08 |
| | 1 verre de jus d'orange | 0,2 | 0,03 | 0,01 |
| | 1 bol de fraises | 0,3 | 0,08 | 0,06 |
| | 1 poire | 0,1 | 0,03 | 0 |
| **Produits laitiers** | 1 grand verre de lait 1 % | 2,5 | 0,06 | 0,03 |
| | 1 bon bol de yogourt 0,2 % | 1 | 0,01 | 0 |
| **Viandes et autres protéines** | 90 g (3 oz) de saumon | 7,4 | 0,16 | 0,09 |
| | 1 bol de fèves soya cuites | 7,7 | 3,85 | 0,52 |
| **TOTAL** | | 24,7 | 7,39 | 1,13 |

Ce menu de 1489 calories renferme moins de 25 g de gras soit 15 % des calories de la journée, dont 4,5 % proviennent de l'acide linoléique et 0,7 % de l'acide alpha-linolénique.

---

2. C'est un modèle strict car il ne contient aucun gras visible. On peut y ajouter de l'huile d'olive et des noix pour augmenter la quantité de bons gras et les calories.

Examinez de plus près les achats de deux personnes.
Comparez le contenu en gras de leurs choix alimentaires.

| Tableau 12 LES CHOIX DU MARCHÉ | | |
|---|---|---|
| Groupe d'aliments | *Les bons choix* | Grammes de gras par portion |
| **Produits céréaliers** | 1 muffin maison | 3,9 ☺ |
| | 3 tranches de pain de grains entiers | 1,5 ☺ |
| | 250 mL (1 tasse) de riz brun | 1,8 ☺ |
| | 1 bol de céréales de son | 1,4 ☺ |
| **Légumes et fruits** | 1 pomme de terre au four | 0,2 ☺ |
| | 1 portion de brocoli et chou-fleur nature | 0,2 ☺ |
| | 1/4 avocat | 7,5 ☺ |
| | 1 salade de laitue romaine | 0,2 ☺ |
| | 1 verre de jus d'orange | 0,2 ☺ |
| | 1 bol de fraises | 0,3 ☺ |
| **Produits laitiers** | 1 grand verre de lait 1 % | 2,5 |
| | 1 bol de yogourt 1,5 % | 2,0 |
| | 1 boule de lait glacé | 3,0 |
| **Viandes et substituts** | 90 g (3 oz) de morue grillée | 4,5 ☺ |
| | 250 mL (1 tasse) de haricots cuits | 1,3 ☺ |
| **Matières grasses** | 10 mL (2 c. à thé) d'huile olive | 9,0 ☺ |
| **Total de la journée** | | 39,8 g |

☺ = bons gras

| Tableau 12 (suite) LES CHOIX DU MARCHÉ | | |
|---|---|---|
| Groupe d'aliments | *Les mauvais choix* | Grammes de gras par portion |
| **Produits céréaliers** | 1 croissant | 12 ☹ |
| | 8 craquelins de blé entier | 6,2 ☹ |
| | 250 mL (1 tasse) de nouilles aux œufs | 2,5 ☹ |
| | 4 biscuits secs | 6,8 ☹ |
| **Légumes et fruits** | 125 mL (1/2 tasse) de frites (10 frites) | 10 ☹ |
| | 1 feuilleté de légumes au brocoli et chou-fleur | 17 ☹ |
| | 250 mL (1 tasse) de laitue Iceberg | 0,1 ☺ |
| | 125 mL (1/2 tasse) de jus d'orange | 0,2 ☺ |
| | 1 part de tarte aux pommes | 13,1 ☹ |
| **Produits laitiers** | 1 grand verre de lait 3,25 % | 8,6 |
| | 1 bol de yogourt 3,25 % | 4,2 |
| | 1 boule de crème glacée 16 % | 12,5 |
| **Viandes et substituts** | 90 g (3 oz) de bâtonnets de poisson, panés | 7,5 ☺☹ |
| | 250 mL (1 tasse) de sauce à la viande | 10,2 |
| **Matières grasses** | 15 mL (1 c. à soupe) de margarine | 11 ☹ |
| | 15 mL (1 c. à soupe) de vinaigrette italienne | 10,3 ☺ |
| **Total de la journée** | | 132,2 g |

☺  = bons gras
☹  = mauvais gras

*La morale de l'histoire: les «bons choix» du premier menu ne sont pas plus difficiles à acheter ou à cuisiner que les «mauvais choix» du deuxième menu — mais quelle différence: 92,4 grammes de gras et 665 calories de plus dans le second menu!*

# CHAPITRE V

# *Des messages qui ne disent pas tout!*

Les étiquettes nous parlent de plus en plus, mais elles ne disent pas toute la vérité, rien que la vérité! Elles disent ce que la loi leur permet de dire!

Les fabricants ne se limitent plus à la liste des ingrédients, car la loi canadienne leur permet maintenant d'inscrire un petit message accrocheur tel que *faible en gras, sans gras, faible en gras saturé, sans cholestérol, léger*. Ces allégations captent l'attention, mais elles laissent très souvent perplexes. Que veut vraiment dire *sans cholestérol?* Vaut-il mieux tout acheter *faible en gras* ou *faible en gras saturé?*

Tout d'abord, sachez que les mentions précitées ne sont jamais improvisées par le fabricant; elles se conforment à des normes gouvernementales précises et s'accompagnent toujours d'un tableau d'information nutritionnelle de base.

Pour vous aider à décoder ce nouveau jargon, nous avons décortiqué le tableau général d'information nutritionnelle, passé en revue les allégations permises par la loi canadienne et le plus souvent utilisées en rapport avec les gras. Puis nous sommes allées en magasin pour trouver des exemples bien concrets.

# Le tableau d'information nutritionnelle

Tous les aliments dont l'emballage contient un petit message sur le gras ou une autre allégation doivent obligatoirement présenter un tableau d'information nutritionnelle. Le tableau suivant présente, à titre d'exemple, les principaux éléments nutritifs d'un petit muffin.

| **Tableau 13** | | |
|---|---|---|
| INFORMATION NUTRITIONNELLE | | |
| 1.  par portion de 50 g (un petit muffin) | | |
| 2.  Énergie | 125 | Cal |
|  | 520 | kJ |
| 3.  Protéines | 2,2 | g |
|  Matières grasses | 1,6 | g |
| 4.  Polyinsaturés | 0,7 | g |
|  Monoinsaturés | 0,4 | g |
|  Saturés | 0,2 | g |
|  Cholestérol | 0 | mg |
|  Glucides | 27 | g |

1. Les valeurs nutritives du tableau décrivent toujours le contenu d'une portion: un muffin, une tranche de pain, 20 frites, par exemple.
2. L'énergie, le premier élément du tableau, est exprimée sous forme de calories (Cal) ou de kilojoules (kJ). «Calorie» est un terme du système impérial (tout comme les tasses, les onces, les livres…) tandis que «kilojoule» fait partie du système métrique international (tout comme les millilitres, les grammes, les kilogrammes). Pour faire la conversion d'un système à l'autre on multiplie les calories par 4,18, ce qui nous donne le nombre de kilojoules.
3. Le contenu en protéines, en matières grasses et en glucides d'une portion de l'aliment est exprimé en grammes. Ces trois éléments nutritifs fournissent les calories de nos aliments.
4. Lorsque l'emballage porte une allégation concernant le gras, l'étiquette doit présenter une description plus détaillée des différents gras contenus dans l'aliment. Le contenu en gras *saturés, monoinsaturés* et *polyinsaturés* ainsi que le contenu en *cholestérol* apparaissent alors au tableau.

## L'allégation «faible teneur en matières grasses»

La mention «faible teneur en matières grasses» signifie qu'une portion de l'aliment ne doit pas fournir plus de 3 g de gras. En faisant la tournée des épiceries et supermarchés, nous avons constaté que l'allégation le plus souvent utilisée n'est pas «faible teneur en matières grasses», mais plutôt «faible en gras» ou «faible teneur en gras». Toutes ces expressions veulent dire la même chose selon la loi.

Nous avons examiné de près l'étiquette du mélange pour muffin au son Robin Hood dit «faible en gras». Nous convenons que la loi est respectée puisqu'un petit muffin préparé avec ce mélange ne fournit que 1,6 g de gras alors que la loi en permettait jusqu'à 3 g.

**Liste d'ingrédients:** farine de blé, dextrose, sucre, huile végétale, lécithine, mono et diglycérides, *esters polyclycéroliques d'acides gras*, stéaryl 2, gomme arabique, guar.

### Muffin au son, faible en gras
Information nutritionnelle
par portion de 50 g
(un petit muffin)

| | | |
|---|---|---|
| Énergie | 125 | Cal |
| | 520 | kJ |
| Protéines | 2,2 | g |
| Matières grasses | 1,6 | g |
| Polyinsaturés | 0,7 | g |
| Monoinsaturés | 0,4 | g |
| Saturés | 0,2 | g |
| Cholestérol | 0 | mg |
| Glucides | 27 | g |
| Fibres | 2,1 | g |

Pour bien comprendre la transformation de ce muffin, il faut savoir que l'industrie alimentaire a recours à deux méthodes fort différentes pour diminuer la quantité totale de gras. La première consiste à écrémer un aliment en lui retirant du gras, c'est le cas du lait écrémé ou partiellement écrémé. La deuxième méthode consiste à retirer du gras, mais à le remplacer par un gras transformé et des additifs; c'est le cas du muffin Robin Hood «faible en gras».

Si on compare ce muffin «faible en gras» à un petit muffin maison, on constate que le premier contient 3,4 g de moins de gras. Mais cette économie est-elle valable si l'on troque une petite quantité de gras contre une perte d'acides gras essentiels contenus dans l'huile utilisée dans le muffin maison?

| Tableau 14 QUELQUES ALIMENTS PORTANT L'ALLÉGATION «FAIBLE EN GRAS»: | |
|---|---|
| **Aliments** | **Marques** |
| Céréales à déjeuner | All Bran, Cruncheroos, Froot Loops, Frosted Flakes, Fruit Full Bran, Just Right, Mini Wheats, Raisin Bran, Rice Krispies, Special K et Honey Nut de Kellogg's, Apple & Cinnamon Wheats, Balance Multibran, Bran 100 %, Raisin Wheats et Shreddies de Nabisco, Fibre 1 de General Mill's, Corn Pops, Strawberry Wheats, gruau Vieux Moulin Fruity Marshmallow de Krispies |
| Mélange pour muffins | Robin Hood |
| Pains | Weight Watchers, Weston |
| Riz | Minute Rice, grains entiers de Kraft |

Nous sommes étonnées de voir qu'une vaste gamme de céréales à déjeuner, certains pains et une marque de riz portent cette allégation, car de façon générale, les produits céréaliers ne sont pas riches en matières grasses et ne contribuent pas aux excès de gras de l'alimentation nord-américaine! De fait, qu'ils portent ou non cette mention, les céréales, le pain et le riz fournissent peu de gras.

Pour l'instant, l'allégation «faible en gras» ne nous semble pas d'un très grand secours.

# L'allégation «sans gras»

La mention «sans gras» concerne un aliment qui ne renferme pas plus de 0,1 g de gras par 100 g.

Il est vrai que la vinaigrette Catalina Kraft Libre, sans gras, ne contient aucune trace de gras comparativement à la vinaigrette Catalina régulière de Kraft qui en contient 5 g. Mais regardons la liste d'ingrédients et l'analyse nutritionnelle.

**Liste d'ingrédients:** eau, sucre, glucose, vinaigre blanc, pâte de tomates, sel, gomme xanthane, sorbate de potassium, alginate de sodium et calcium, jus de citron concentré, arôme, cellulose microcristalline, colorant, gomme cellulosique, épices et assaisonnements, edta de calcium et de sodium.

**Catalina Kraft Libre, sans gras**
Information nutritionnelle
par portion de 15 mL
(1 c. à soupe)

| | | |
|---|---|---|
| Énergie | 14 | Cal |
| | 60 | kJ |
| Protéines | 0,2 | g |
| Matières grasses | 0 | g |
| Polyinsaturés | 0 | g |
| Monoinsaturés | 0 | g |
| Saturés | 0 | g |
| Glucides | 3,1 | g |

Nous avons comparé les listes d'ingrédients de deux vinaigrettes et avons constaté que la Kraft Libre n'affiche aucune source de gras. Par contre, elle contient plus d'eau, de jus de citron concentré et une foule d'additifs pour remplacer l'huile de canola ou de soya présente dans la vinaigrette régulière.

Est-il réellement avantageux d'éliminer totalement l'huile (source d'acides gras essentiels) de nos vinaigrettes et de la remplacer par des additifs? Encore une fois, troquons-nous la quantité de gras pour une perte de qualité nutritionnelle? Pour relever une salade, notre cœur penche vers une vinaigrette faite avec une bonne huile d'olive et il résiste à la vinaigrette pleine d'additifs.

| Tableau 15 | |
|---|---|
| QUELQUES ALIMENTS PORTANT L'ALLÉGATION «SANS GRAS» | |
| **Aliments** | **Marques** |
| Desserts | sorbet Sealtest, pouding Jell-O |
| Vinaigrettes | Chelton House, Kraft |

## L'allégation «faible teneur en gras saturé»

La mention «faible teneur en gras saturé» se rapporte à tout aliment qui fournit par portion:
- au plus 2 g d'acides gras *saturés*, et
- au plus 15 % des calories provenant d'acides gras *saturés*.

Prenons l'exemple des frites Superfries de McCain, dites «faibles en gras saturé».

**Liste d'ingrédients:** pommes de terre, huile végétale partiellement hydrogénée, pyrophosphate, acide de sodium, dextrose.

**Superfries de McCain, faibles en gras saturé**
Information nutritionnelle
par portion de 100 g (20 frites)

| | | |
|---|---|---|
| Énergie | 158 | Cal |
| | 661 | kJ |
| Protéines | 2,2 | g |
| Matières grasses | 5 | g |
| Polyinsaturés | 0,1 | g |
| Monoinsaturés | 1,9 | g |
| Saturés | 0,8 | g |
| Cholestérol | 0 | mg |
| Glucides | 26 | g |

Une portion de ces frites renferme 0,8 g d'acide gras *saturé* qui fournissent 6 % des calories totales contenues dans les frites. Une portion équivalente de frites congelées régulières peut renfermer 4,2 g d'acides gras *saturés* qui fournissent 17 % des calories.

Jusqu'à tout récemment, on préparait les frites en cuisant les pommes de terre dans du saindoux bouillant, un gras animal riche en acide gras *saturé*. Pour diminuer le gras *saturé* des nouvelles frites, McCain utilise maintenant de l'huile végétale partiellement *hydrogénée*. Il résout un problème et en occasionne un autre puisque l'utilisation des gras *hydrogénés* entraîne la formation d'isomères *trans*.

Bien qu'elles soient «faibles en gras saturé», les Superfries demeurent des frites à 5 g de gras la portion, alors qu'une pomme de terre nature en contient cinquante fois moins, soit un dixième de gramme.

| Tableau 16 | |
|---|---|
| QUELQUES ALIMENTS PORTANT L'ALLÉGATION «FAIBLE EN GRAS SATURÉ» | |
| **Aliments** | **Marques** |
| Craquelins | Biscuits soda, Fins au blé et Croque en blé de Christie |
| Céréale à déjeuner | Common Sense de Kellogg's |
| Croustilles | Pringles |
| Frites | McCain |
| Huile | Becel |
| Margarine | Mirador |
| Mélange à gâteaux | Duncan Hines |
| Vinaigrettes | Calorie-Wise de Kraft, Hidden Valley |

En faisant la tournée des aliments «faibles en gras saturé», nous avons constaté que ceux-ci n'étaient pas nécessairement *faibles en gras,* bien au contraire! Nous avons trouvé la mention «faible en gras saturé» sur des aliments aussi gras que les croustilles, les frites, l'huile, la margarine, les vinaigrettes; plusieurs de ces aliments sont même préparés avec du gras *hydrogéné...*

# L'allégation «sans cholestérol»

Les aliments qui portent la mention «sans cholestérol» se vendent mieux que jamais, et pourtant ils ne fournissent pas une solution adéquate aux problèmes des personnes qui veulent voir baisser leur taux de cholestérol et vivre en meilleure santé. Cette allégation se rapporte à un aliment qui ne contient:

- pas plus de 3 mg de *cholestérol* par 100 g, et
- qui est faible en *acides gras saturés* (pas plus de 2 g d'acides gras saturés et pas plus de 15 % des calories provenant des acides gras saturés).

Nous avons choisi d'examiner la sauce à salade Miracle Whip légère, sans cholestérol qui, de fait, ne contient pas de cholestérol et très peu d'acides gras saturés.

**Liste d'ingrédients:** eau, huile de canola, sucre, vinaigre, amidon de maïs modifié, sel, cellulose microstalline, caséinate de sodium, farine de moutarde, blanc d'œufs, gomme xanthane, arôme, colorant, épices, edta.

### Miracle Whip légère, sans cholestérol
Information nutritionnelle
par portion de 15 mL
(1 c. à soupe)

| | | |
|---|---|---|
| Énergie | 43 | Cal |
| | 180 | kJ |
| Protéines | 0 | g |
| Matières grasses | 3,8 | g |
| Polyinsaturés | 1,1 | g |
| Monoinsaturés | 2,2 | g |
| Saturés | 0,2 | g |
| Cholestérol | 0 | mg |
| Glucides | 2,3 | g |

Pour éliminer le cholestérol de la sauce Miracle Whip, Kraft a remplacé les jaunes d'œufs riches en cholestérol par des blancs d'œufs qui n'en contiennent aucune trace. Cette substitution permet aussi de faire une économie de 3 g de gras. Ce type de substitution nous paraît intéressant et peut s'adapter à une foule de recettes maison.

| Tableau 17 | |
|---|---|
| QUELQUES ALIMENTS PORTANT L'ALLÉGATION «SANS CHOLESTÉROL» | |
| **Aliments** | **Marques** |
| Craquelins | Biscottes, Pains bâton et Melba de Grissol, Melba de Old London, Biscuits soda, Fins au blé et Croque en blé de Christie |
| Céréales à déjeuner | Apple & Cinnamon Wheats, Shredded Wheat'n Bran, Raisin Wheats de Nabisco, Fibre 1 de General Mill's, gruau Vieux Moulin |
| Croustilles | Pringles Légères |
| Huiles | Crisco, Primo, Unico, Bertolli, Maestro, Pastene, Préférence, Mazola, Becel, Sun Queen |
| Margarines | Country Crock, Fleishmann's, Mirador, Thibault |
| Mélange à gâteaux | Duncan Hines |
| Mélanges à muffins | Duncan Hines, Betty Crocker |
| Pains | Bon Matin, Diana, Gailuron, Moisson, St-Méthode, Weight Watchers, Weston |
| Poudings | Moment Magique, Touche Légère |
| Riz | grains entiers de Uncle Ben's |
| Sauces à salade | Hellmann's Légère, Kraft Légère et Miracle Whip Légère, Préférence Légère, Weight Watchers |
| Vinaigrettes | Calorie-Wise et Libre de Kraft |
| Autre | Pam |

Toutefois, cette allégation se retrouve très souvent sur des aliments riches en gras, qui n'ont *jamais* eu de trace de cholestérol, mais qui ne sont pas nécessairement bons pour les artères. Quelle confusion!

Avant de consommer un aliment «sans cholestérol», soyez prudent et n'oubliez pas que le cholestérol se trouve exclusivement dans les aliments d'origine *animale*. L'huile végétale, quelle qu'elle soit (olive, tournesol, soya, arachide, etc.), n'en a jamais contenu.

# L'allégation «léger» ou «allégé»

Les allégations «léger», «légère» ou «allégé» veulent dire bien des choses. Elles peuvent décrire différents éléments:

1. Des aspects physiques de l'aliment comme la couleur, la texture, le goût; par exemple:

- le rhum brun *léger* quand il s'agit de la couleur,
- le souper *léger* High Liner, à saveur et texture légères,
- l'huile d'olive *Extra Light* de Bertolli, au goût extra-léger.

Dans le cas de l'huile d'olive Extra Light, le message en a déjoué plusieurs puisque cette huile contient autant de calories et de gras que la régulière. Seule sa saveur est plus légère par suite d'un raffinage plus important.

**HUILE D'OLIVE BERTOLLI**
Information nutritionnelle
par portion de 15 mL
(1 c. à soupe)

|  | Régulière | Extra Light au goût extra-léger |
|---|---|---|
| Énergie | 115 cal | 115 cal |
|  | 480 kJ | 480 kJ |
| Protéines | 0 g | 0 g |
| Matières grasses | 12,8 g | 12,8 g |
| Polyinsaturés | 1,2 g | 1,2 g |
| Monoinsaturés | 9,8 g | 9,8 g |
| Saturés | 1,8 g | 1,8 g |
| Cholestérol | 0 mg | 0 mg |
| Glucides | 0 g | 0 g |

2. Les caractéristiques nutritionnelles du produit:

- la valeur en calories: le Jell-o Léger, réduit en calories,
- la teneur en sel (sodium): le bouillon concentré Lipton, léger en sel,

- la teneur en sucre: la garniture légère aux fruits de Vachon,
- la teneur en gras: le yogourt Béatrice léger, 0,5 % m.g.

L'utilisation du terme *léger* doit alors répondre à des normes bien spécifiques. En ce qui concerne les matières grasses, l'allégation peut être utilisée pour décrire deux types d'aliments différents:

- un aliment *à faible teneur en matières grasses*. Souvenez-vous du petit muffin au son Robin Hood «faible en gras» parce qu'il contenait moins de 3 g de gras par portion. Son emballage aurait tout aussi bien pu porter l'allégation «léger»;
- un aliment *dont on a réduit la teneur en matières grasses d'au moins 25 % si on le compare avec l'aliment régulier*. Regardez l'étiquette du fromage Cheez Whiz Léger qui porte l'allégation 30 % moins de gras que le produit régulier; ce fromage «léger» contient 4,8 g de gras tandis que le Cheez Whiz régulier en renferme 7,2 g. L'allégation «léger» est bien méritée.

**Cheez Whiz Léger**
Information nutritionnelle
par portion de 30 g

| Énergie | 77 | Cal |
|---|---|---|
| | 232 | kJ |
| Protéines | 5,5 | g |
| Matières grasses | 4,8 | g |
| Polyinsaturés | 0,2 | g |
| Monoinsaturés | 1,4 | g |
| Saturés | 2,7 | g |
| Cholestérol | 17 | mg |
| Glucides | 3 | g |

Mais tout cela est confus pour vous? Pour nous aussi! Le terme «léger» a tellement de significations différentes qu'il est difficile de s'y fier sans réfléchir plusieurs minutes devant l'étiquette.

**Tableau 18**

QUELQUES ALIMENTS PORTANT L'ALLÉGATION
«LÉGER» OU «ALLÉGÉ»

| Aliments | Marques |
|---|---|
| Beurre | Lactantia |
| Craquelins | Croustipain de Wasa, Grilles mignon de Auga |
| Charcuterie | La Bonne Fourchette de Lafleur |
| Croustilles | Pringles |
| Confiture | Double-Fruits |
| Crème glacée | Québon |
| Fromages | Kraft, La vache qui rit |
| Garniture aux fruits | Vachon |
| Maïs à éclater | Pop-Secret de Betty Crocker, Jiffy Pop, Orville Redenbachers |
| Mayonnaises | Hellmann's, Kraft, Préférence |
| Pain | Gailuron |
| Pouding | Jell-O, Touche Légère, Weight Watchers |
| Repas congelés | Souper Léger de High Liner, Léger Délice de McCain |
| Sauce à salade | Kraft |
| Vinaigrettes | Chelton House, Newman's own, Hidden Valley |
| Yogourts | Yoplait, Sealtest, Silhouette |

## Les allégations «pur», «pur à 100 %», «100 %»

Les expressions «pur», «pur à 100 %», et «100 %» peuvent signifier différentes choses:

• L'aliment n'est pas contaminé, ni falsifié et il ne contient que les substances ou les ingrédients auxquels on s'attend.

L'huile de maïs «pure à 100 %» ne contient que de l'huile de maïs et ne peut renfermer aucun agent de conservation, ni colorant... L'huile végétale pure, bien qu'elle se compose d'une huile végétale ou d'un mélange d'huiles végétales non identifiées, ne peut renfermer aucun autre ajout particulier. Toutefois la liste d'ingrédients nous réserve parfois quelques surprises comme l'huile de soya 100 % des magasins Métro, qui contient de l'huile de soya et quelques additifs (gallate de propyle, acide citrique)!

• Un des ingrédients qui composent le produit est «pur à 100%».

La mention «fait d'huile de soya à 100 %» retrouvée sur la margarine Lactantia ne veut pas dire que la margarine est faite uniquement d'huile de soya. De fait, cette margarine contient 80 % d'huile de soya liquide et hydrogénée, du babeurre et du lactosérum (solides non gras 1,4 %), du sel, des monoglycérides végétales, de la lécithine de soya, du sorbate de potassium, des cultures lactiques, du bêta-carotène, du BHA, du BHT, du palmitate de vitamine A et de vitamine $D_3$.

> *Les étiquettes et leur petit message accrocheur respectent bien la loi, mais elles sont loin de dire toute la vérité et ne nous guident pas vraiment vers les meilleurs gras.*

# CHAPITRE VI

# *L'offre du marché*

Chaque semaine, vous faites des choix à l'épicerie, à la maison et au restaurant. Vous avez lu les cinq premiers chapitres, mais vous vous demandez encore quel gras choisir ou ne pas choisir.

Ce chapitre présente des fiches techniques sur les principaux gras visibles. Vous y trouverez la sorte d'acides gras qui donne son caractère à l'huile ou au gras, son impact nutritionnel ainsi que les meilleures façons de cuisiner et de conserver ces gras.

## Le beurre

Le beurre est présent depuis très longtemps dans les habitudes alimentaires de l'homme. Il trouve sa place dans diverses cuisines, mais semble toujours le roi de la cuisine française (voir «Le paradoxe français», au chapitre IV).

### Fabrication

On peut faire du beurre à la maison avec de la crème fraîche très froide que l'on bat jusqu'à ce que les molécules commencent à s'agglomérer et que la masse devienne compacte. On se débarrasse ensuite de la partie liquide, le babeurre, et on conserve la partie solide, le beurre. La fabrication industrielle se fait sensiblement de la même façon.

## Impact nutritionnel

*Valeur nutritive:*          10 g (2 c. à thé) fournissent:
                              72 calories
                              8,1 g de gras
                              0,3 g de gras polyinsaturés
                              2,4 g de gras monoinsaturés
                              5 g de gras **saturés**
*Cholestérol:*               22 mg
*Vitamine E:*                0

*Effets sur le cholestérol sanguin:* fait monter le cholestérol total et les LDL (mauvais cholestérol).

## Différents beurres

Le beurre *léger*[1] renferme deux fois moins de gras et de calories que le beurre régulier.

Le beurre *demi-sel* renferme 50 % moins de sel que le beurre régulier.

Le beurre *doux* ou *non salé* ne contient aucun sel ajouté.

Le beurre *de culture* est un beurre *non salé* additionné de culture bactérienne avant le barattage.

Le beurre *assaisonné* est un beurre régulier additionné de condiments tels que herbes ou épices durant la fabrication.

Le beurre *fouetté* est un beurre régulier qui a été baratté de façon à y laisser pénétrer l'air, ce qui a pour effet d'augmenter son volume et de le rendre plus doux et plus crémeux.

---

1. Type «Pur et sain».

# Les margarines

Croyez-le ou non, la margarine a vu le jour lors d'un concours lancé par Napoléon III pour trouver «un produit propre à remplacer le beurre», car ce dernier ne répondait plus à la demande. Bien que la production commerciale de la margarine ait débuté vers la fin du XIX$^e$ siècle, les Français n'ont vraiment adopté ce produit que tout récemment (voir «Le paradoxe français», au chapitre IV).

## Fabrication

De nos jours, la majorité des margarines sont fabriquées à partir d'huiles végétales *raffinées* qui subissent une deuxième série de transformations pour passer de l'état liquide à l'état semi-solide.

Pour obtenir la bonne consistance et une certaine stabilité, l'huile de départ est *hydrogénée*. Ce procédé transforme partiellement des huiles *polyinsaturées* (maïs ou tournesol) ou *monoinsaturées* (canola) et suscite la formation d'une nouvelle sorte de gras, les isomères *trans* qui adoptent un comportement semblable à celui des gras *saturés*.

On y ajoute des agents de conservation, des antioxydants, des additifs, des arômes naturels et artificiels, des colorants naturels ou artificiels.

## Impact nutritionnel

| | |
|---|---|
| *Valeur nutritive[2]:* | 10 g (2 c. à thé) fournissent: |
| | 71 calories |
| | 8 g de gras |
| | 3,3 g de gras **polyinsaturés** |
| | 3,2 g de gras **monoinsaturés** |
| | 1,4 g de gras saturés |
| *Cholestérol:* | aucune trace |
| *Vitamine E:* | 0,7 mg (alpha-tocophérol) |
| *Effets sur le cholestérol sanguin:* | des recherches récentes démontrent que les isomères *trans* présents dans les margarines font monter les LDL (mauvais cholestérol) et baisser les HDL (bon cholestérol). L'étude du |

2. Pour une margarine à l'huile de soya.

Dr Walter Willett menée pendant huit ans auprès de plus de 80 000 infirmières (voir le chapitre II) a indiqué que 20 g (4 c. à thé) de margarine par jour augmentaient de 60 % les risques de maladies cardio-vasculaires[3].

## Réglementation canadienne

Selon la *Loi des aliments et drogues,* les fabricants ne sont pas tenus de déclarer le contenu en gras *trans* de leur margarine.

## Margarines *dures* ou *molles*

Ces deux types de margarine contiennent le même nombre de calories et la même quantité de gras; seuls la consistance et le degré d'*hydrogénation* sont différents: une margarine dure est presque deux fois plus hydrogénée qu'une margarine molle.

Plus une margarine est dure, plus elle est hydrogénée, plus elle risque de faire monter le taux des LDL (mauvais cholesté-rol) et d'augmenter les risques de maladies cardiovasculaires.

## Margarines non hydrogénées

Certaines margarines sont fabriquées *sans hydrogénation.* Une partie de l'huile est fractionnée, cristallisée et mélangée à d'autres huiles dont l'huile de palme, une huile tropicale *saturée.* Cette méthode de fabrication semble avantageuse pour l'instant, mais nous n'en connaissons pas l'impact à long terme.

## Margarines hypocaloriques

Ces margarines dites «légères» renferment deux fois moins d'huile et beaucoup plus d'eau que les margarines régulières. Elles fournissent deux fois moins de gras et deux fois moins de calories.

## Margarines hyposodées

Ces margarines contiennent autant de calories et de gras qu'une margarine régulière, mais elles renferment cent fois moins de sel. Certaines margarines dites «demi-sel» contiennent deux ou trois fois moins de sel qu'une margarine régulière, mais autant de gras.

3. *Lancet,* n° 341, p. 581-585, mars 1993.

# Les huiles raffinées

Une huile *raffinée*[4] se compare à une farine *blanche* qui a subi diverses transformations et des pertes nutritives; une huile *pressée à froid*[5] se compare à une farine *de blé entier moulue sur pierre* qui a subi un minimum de transformations et de pertes nutritives.

## Fabrication

Les fabricants d'huiles raffinées utilisent habituellement des graines cultivées de façon classique avec des agents fertilisants et des pesticides. Celles-ci sont ensuite décortiquées, puis chauffées entre 80 °C et 120 °C, ce qui permet d'extraire une quantité maximale d'huile; l'extraction se fait à l'aide d'un solvant.

À ce stade, l'huile obtenue est *brute* et impropre à la consommation, car elle contient encore du solvant et des substances dites indésirables parce que vulnérables au rancissement. Elle subit alors un ensemble de traitements physiques et chimiques dont plusieurs se font à des hautes températures: dégommage, raffinage, décoloration, désodorisation et parfois hydrogénation. L'huile est ensuite embouteillée.

## Effets du raffinage

Toutes les étapes énumérées précédemment affectent la qualité des huiles; elles nous permettent de les conserver plus facilement dans l'armoire, mais les rendent moins nutritives pour l'organisme. Il y a perte de vitamine E, de lécithine, de stérols, de pigments, de phénols et d'autres constituants qui ont un rôle à jouer dans notre corps. *Ce sont des petits riens qui font tout* souligne le professeur Jacotot dans son livre sur l'huile d'olive[6]. Il y a également une petite dose additionnelle d'isomères *trans* dont la présence n'est jamais convoitée. Le dossier n'est pas complet mais la recherche se poursuit.

---

4. Les huiles vendues dans les épiceries sont habituellement raffinées.
5. L'allégation «pressée à froid» n'est pas réglementée et ne protège pas le consommateur. Voir toutefois les résultats d'analyses récentes à la page suivante.
6. B. Jacotot, *L'huile d'olive de la gastronomie à la santé*, Paris, Éditions Artulen, 1992, p.99.

## Les huiles pressées à froid

Depuis plus de dix ans, les huiles pressées à froid font parler d'elles, mais elles n'ont pas fait l'objet de recherches importantes, l'huile d'olive étant l'exception à la règle. Pour en connaître plus long, nous avons procédé à deux séries d'analyses sur l'huile de tournesol, la première en 1989[7], et la seconde à l'été 1992[8], menée en collaboration avec le département de nutrition de l'Université de Montréal.

Malgré les différences qui peuvent exister entre une huile *raffinée* et une huile *pressée à froid,* aucune réglementation ne «protège» cette dernière. Dès 1989, les analyses effectuées dans deux laboratoires sur cinq échantillons non identifiés ont permis de déceler deux *fausses* huiles pressées à froid sur quatre huiles étiquetées comme telles. Le consommateur a de quoi se plaindre.

Par ailleurs, l'huile pressée à froid n'est pas nouvelle puisqu'elle est fabriquée de cette façon depuis des siècles. On la décrit aujourd'hui selon certains critères:

- les graines doivent être cultivées sans engrais chimique, pesticides, ou herbicides, selon les principes d'une culture biologique;
- l'extraction doit se faire mécaniquement et lentement pour limiter la friction et l'élévation de la température à plus de 60 °C;
- l'huile doit être ensuite décantée, puis filtrée et embouteillée.

Elle ne subit ni dégommage, ni raffinage, ni décoloration, ni désodorisation.

---

7. L. Lambert-Lagacé et D. Lamontagne, «Les huiles pressées à froid», *Diététique en action,* vol. 4, n⁰ 1, 1990.
8. Article sous presse.

## Impact nutritionnel

Les analyses de 1992 font ressortir certains avantages d'une huile de tournesol pressée à froid comparativement à celle qui est raffinée.

L'huile pressée à froid contient significativement:

- plus d'alpha-tocophérol, la vitamine E la plus active;
- plus de gamma-tocophérol, une autre forme de vitamine E;
- plus de bêta-sitostérol, un ingrédient qui bloque l'absorption du cholestérol et qui a longtemps fait partie d'un médicament pour faire baisser le cholestérol;
- moins d'isomères *trans*.

Ces résultats ne disent pas tout, mais ils confirment les qualités supérieures d'une huile vraiment *pressée à froid*.

## L'huile de noisette

### Points de vente

Les épiceries régulières ne vendent pas cette huile.

On peut se la procurer dans les épiceries fines sous sa forme régulière ou raffinée[9] et dans les magasins d'aliments naturels sous sa forme pressée à froid[10].

### Composition

| | |
|---|---|
| *Acides gras polyinsaturés:* | 11 % (acide linoléique) |
| *Acides gras **monoinsaturés:*** | 79 % |
| *Acides gras saturés:* | 7 % |

### Impact nutritionnel

| | |
|---|---|
| *Valeur nutritive:* | 10 mL (2 c. à thé) renferment: |
| | 80 calories |
| | 9,1 g de gras |
| | 0,7 g de gras saturés |
| | 7,1 g de gras **monoinsaturés** |
| | 0,9 g de gras polyinsaturés |
| *Cholestérol:* | aucune trace |
| *Vitamine E:* | 4,7 mg (alpha-tocophérol) |
| *Effets sur le cholestérol sanguin:* | fait baisser les LDL (mauvais cholestérol) et protège les HDL (bon cholestérol). |

### Utilisations culinaires

| | |
|---|---|
| *Sans cuisson, cuisine froide:* | s'utilise dans les vinaigrettes pour salades fines; peut se mélanger au beurre, moitié-moitié pour une tartinade santé. |
| *Cuisson, chaleur directe (poêlon):* | à utiliser sur feu doux. |
| *Cuisson, chaleur indirecte (four):* | s'utilise dans les produits de boulangerie tels que les crêpes, les |

9. Une huile raffinée est une huile régulière qui a été chauffée, décolorée, désodorisée.
10. L'allégation «pressée à froid» n'est pas réglementée et ne protège pas le consommateur. Voir toutefois les résultats d'analyse récentes à la page 78.

muffins, les pains, les gâteaux, les biscuits, la croûte de biscuits Graham.

*A une saveur caractéristique.*

## Conservation

- Acheter l'huile en petite quantité.
- Protéger de la lumière et conserver dans une bouteille sombre.
- Protéger de l'air et refermer la bouteille après utilisation.
- Conserver dans un endroit frais si l'huile est pressée à froid.
- Vérifier la date d'expiration.

**Remarque:** L'huile de noisette coûte cher.

## L'huile d'olive

**Points de vente**

Dans les épiceries, l'huile d'olive se retrouve sous plusieurs formes:

- l'huile d'olive *pure* signifie une huile *raffinée* mélangée avec de 5 % à 10 % d'huile *vierge*;
- l'huile d'olive *vierge* ou *extra-vierge* signifie une huile pressée à froid, donc qui n'a subi aucun traitement de chaleur. L'*extra-vierge* correspond à la meilleure qualité et à une *première pression à froid*[11];
- l'huile d'olive *à saveur légère* correspond à une huile chauffée et *raffinée*.

Plusieurs marques, dont Pastene, Bertolli, Filippo Berio, offrent toute la gamme des huiles d'olive, des *pures* aux *extra-vierges*. D'où l'importance de bien lire l'étiquette.

**Composition**

| | |
|---|---|
| *Acides gras polyinsaturés:* | 9 % (dont 8 % d'acide linoléique et 1 % d'acide alpha-linolénique) |
| *Acide gras **monoinsaturés**:* | 76 % |
| *Acides gras saturés:* | 15 % |

**Impact nutritionnel**

| | |
|---|---|
| *Valeur nutritive:* | 10 mL (2 c. à thé) renferment: |
| | 80 calories |
| | 9 g de gras |
| | 1,2 g de gras saturés |
| | 6,6 g de gras **monoinsaturés** |
| | 0,6 g de gras polyinsaturés |
| *Cholestérol:* | aucune trace |
| *Vitamine E:* | 1,1 mg (alpha-tocophérol)[12] |
| *Effets sur le cholestérol sanguin:* | fait baisser les LDL (mauvais cholestérol) et protège les HDL (bon cholestérol). |

---

11. Les allégations «extra-vierge» ou «vierge» sont des termes réglementés pour l'ensemble de la communauté européenne; l'allégation «première pression à froid» n'est pas réglementée au Canada.
12. L'alpha-tocophérol est la forme la plus active de vitamine E.

## Utilisations culinaires

*Sans cuisson, cuisine froide:* s'utilise dans les vinaigrettes pour salade et les marinades; se mélange avec jus de citron pour arroser poissons et fruits de mer; se mélange avec ail et basilic pour obtenir le fameux *pistou.*

*Cuisson, chaleur directe (poêlon):* peut servir pour dorer légumes, volailles, viandes et poissons; résiste mieux à la chaleur lorsqu'elle est *extra-vierge* parce qu'elle contient encore des substances protectrices qui disparaissent lors du raffinage.

*Cuisson, chaleur indirecte (four):* badigeonner sur pâte à pizza ou sur pain avec un peu d'ail.

## Conservation

- Acheter en petite quantité.
- Protéger de la lumière et conserver dans une bouteille sombre.
- Protéger de l'air et refermer la bouteille immédiatement après utilisation.
- Conserver dans un endroit frais, mais pas au réfrigérateur.
- Vérifier la date d'expiration.

## L'huile de canola[13]

### Points de vente

Dans les épiceries sous la forme régulière ou raffinée et dans les magasins d'aliments naturels sous la forme pressée à froid[14].

### Composition

| | |
|---|---|
| *Acides gras polyinsaturés:* | 36 % (dont 26 % d'acide linoléique et 10 % d'acide alpha-linolénique) |
| *Acides gras **monoinsaturés**:* | 58 % |
| *Acides gras saturés:* | 6 % |

### Impact nutritionnel

| | |
|---|---|
| *Valeur nutritive:* | 10 mL ( 2 c. à thé) renferment: |
| | 83 calories |
| | 9,2 g de gras |
| | 0,6 g de gras saturés |
| | 5,8 g de gras **monoinsaturés** |
| | 2,8 g de gras polyinsaturés |
| *Cholestérol:* | aucune trace |
| *Vitamine E:* | 1,9 mg[15] (alpha-tocophérol) |
| *Effets sur le cholestérol sanguin:* | fait baisser les LDL (mauvais cholestérol) et protège les HDL (bon cholestérol). |

### Utilisations culinaires

| | |
|---|---|
| *Sans cuisson, cuisine froide:* | s'utilise dans les vinaigrettes ou les marinades. |
| *Cuisson, chaleur directe (poêlon):* | peut servir pour dorer volaille, légumes, poissons et fruits de mer. |
| *Cuisson, chaleur indirecte (four):* | s'utilise dans les produits de boulangerie: muffins, gâteaux, pains. |

---

13. L'huile de canola est une huile de colza améliorée.
14. L'allégation «pressée à froid» n'est pas réglementée et ne protège pas le consommateur. Voir toutefois les résultats d'analyses récentes à la page 78.
15. Valeur pour une huile de canola raffinée.

## Conservation

- Acheter en petite quantité.
- Protéger de la lumière et conserver dans une bouteille sombre.
- Protéger de l'air et refermer la bouteille après utilisation.
- Conserver dans un endroit frais.
- Vérifier la date d'expiration s'il y a lieu.

## L'huile d'arachide

### Points de vente
Dans les épiceries sous la forme régulière ou raffinée et dans les magasins d'aliments naturels sous la forme pressée à froid[16].

### Composition
| | |
|---|---|
| *Acides gras polyinsaturés:* | 34 % (acide linoléique) |
| *Acides gras **monoinsaturés**:* | 48 % |
| *Acides gras saturés:* | 18 % |

### Impact nutritionnel
*Valeur nutritive:*      10 mL (2 c. à thé) renferment:

           90 calories

           10 g de gras

           1,9 g de gras saturés

           4,5 g de gras **monoinsaturés**

           3,6 g de gras polyinsaturés

*Cholestérol:*      aucune trace

*Vitamine E:*      1,1 mg[17] (alpha-tocophérol)

*Effets sur le cholestérol sanguin:*      on a effectué peu d'études concernant cette huile.

### Utilisations culinaires
*Sans cuisson, cuisine froide:*      s'utilise dans les vinaigrettes et les marinades.

*Cuisson, chaleur directe (poêlon):* peut servir pour dorer volailles, poissons, légumes à la chinoise.

*Cuisson, chaleur indirecte (four):* s'utilise dans les produits de boulangerie: muffins, gâteaux, crêpes, pains, biscuits.

*A une saveur caractéristique.*

---

16. L'allégation «pressée à froid» n'est pas réglementée et ne protège pas le consommateur. Voir toutefois les résultats d'analyses récentes à la page 78.
17. Valeur pour une huile d'arachide raffinée.

## Conservation

- Acheter en petite quantité.
- Protéger de la lumière et conserver dans une bouteille sombre.
- Protéger de l'air et refermer la bouteille après utilisation.
- Conserver dans un endroit frais.
- Vérifier la date d'expiration s'il y a lieu.

## L'huile de sésame

### Points de vente

Dans les épiceries chinoises ou orientales sous la forme raffinée et dans les magasins d'aliments naturels sous la forme pressée à froid[18].

### Composition

| | |
|---|---|
| *Acides gras **polyinsaturés:*** | 44 % |
| *Acides gras monoinsaturés:* | 41 % |
| *Acides gras saturés:* | 15 % |

### Impact nutritionnel

| | |
|---|---|
| *Valeur nutritive:* | 10 mL (2 c. à thé) renferment: |
| | 80 calories |
| | 9,1 g de gras |
| | 1,3 g de gras saturés |
| | 3,6 g de gras monoinsaturés |
| | 3,8 g de gras **polyinsaturés** |
| *Cholestérol:* | aucune trace |
| *Vitamine E:* | 0,15 mg[19] (alpha-tocophérol) |
| *Effets sur le cholestérol sanguin:* | il y a peu de données sur l'impact de cette huile, mais on peut supposer que sa composition intéressante ait de bons effets. |

### Utilisations culinaires

| | |
|---|---|
| *Sans cuisson, cuisine froide:* | peut ajouter une saveur caractéristique à des salades de fèves germées ou autres. |
| *Cuisson, chaleur directe (poêlon):* | à utiliser en petite quantité dans la cuisson au wok pour des plats asiatiques. |

---

18. L'allégation «pressée à froid» n'est pas réglementée et ne protège pas le consommateur. Voir toutefois les résultats d'analyses récentes à la page 78.
19. Valeur pour une huile de sésame raffinée.

*Cuisson, chaleur indirecte (four):* s'utilise dans les produits de boulangerie.

*A une saveur caractéristique.*

## Conservation

- Acheter en petite quantité.
- Protéger de la lumière et conserver dans une bouteille sombre.
- Protéger de l'air et refermer la bouteille après utilisation.
- Conserver dans un endroit frais; conserver au réfrigérateur si l'huile est pressée à froid.
- Vérifier la date d'expiration s'il y a lieu.

## L'huile de carthame

### Points de vente
Dans les épiceries sous la forme régulière ou raffinée et dans les magasins d'aliments naturels sous la forme pressée à froid[20].

### Composition
*Acides gras **polyinsaturés**:*   78 % (acide linoléique et quelques traces d'acide alpha-linolénique)

*Acides gras monoinsaturés:*   13 %

*Acides gras saturés:*   9 %

### Impact nutritionnel
*Valeur nutritive:*   10 mL (2 c. à thé) renferment:
     80 calories
     9 g de gras
     0,8 g de gras saturés
     1,1 g de gras monoinsaturés
     6,8 g de gras **polyinsaturés**

*Cholestérol:*   aucune trace

*Vitamine E:*   3,4 mg[21] (alpha-tocophérol)

*Effets sur le cholestérol sanguin:*   comme toute huile riche en gras polyinsaturés, elle fait baisser le cholestérol total y compris les HDL (bon cholestérol).

### Utilisations culinaires
*Sans cuisson, cuisine froide:*   s'utilise dans les vinaigrettes et certains desserts.

*Cuisson, chaleur directe (poêlon):* n'est pas appropriée pour la cuisson à la chaleur directe.

*Cuisson, chaleur indirecte (four):* s'utilise dans les produits de boulangerie: pains, gâteaux, muffins.

*A une saveur très douce.*

---

20. L'allégation «pressée à froid» n'est pas réglementée et ne protège pas le consommateur. Voir toutefois les résultats d'analyses récentes à la page 78.
21. Valeur pour une huile de carthame raffinée.

## Conservation

- Acheter en petite quantité.
- Protéger de la lumière et conserver dans une bouteille sombre.
- Protéger de l'air et refermer la bouteille après utilisation.
- Conserver au réfrigérateur si pressée à froid; sinon conserver dans un endroit frais.
- Vérifier la date d'expiration s'il y a lieu.

## L'huile de noix

### Points de vente

On ne vend pas d'huile de noix dans les épiceries régulières; on peut parfois en trouver dans les épiceries fines sous la forme régulière ou raffinée et dans les magasins d'aliments naturels sous la forme pressée à froid[22].

### Composition

| | |
|---|---|
| *Acides gras **polyinsaturés:*** | 66 % (dont 55 % d'acide linoléique et 11 % d'acide alpha-linolénique) |
| *Acides gras monoinsaturés:* | 23 % |
| *Acides gras saturés:* | 9 % |

### Impact nutritionnel

| | |
|---|---|
| *Valeur nutritive:* | 10 mL ( 2 c. à thé) renferment: |
| | 80 calories |
| | 9,1 g de gras |
| | 0,8 g de gras saturés |
| | 2,1 g de gras monoinsaturés |
| | 5,7 g de gras **polyinsaturés** |
| *Cholestérol:* | aucune trace |
| *Vitamine E:* | 0,07 mg[23] (alpha-tocophérol) |
| *Effets sur le cholestérol sanguin:* | fait baisser le cholestérol total y compris les HDL (bon cholestérol). |

### Utilisations culinaires

| | |
|---|---|
| *Sans cuisson, cuisine froide:* | s'utilise dans les vinaigrettes; s'incorpore à la *crème Budwig*[24]. |
| *Cuisson, chaleur directe (poêlon):* | n'est pas appropriée pour la cuisson. |

---

22. L'allégation «pressée à froid» n'est pas réglementée et ne protège pas le consommateur. Voir toutefois les résultats d'analyses récentes à la page 78.
23. Valeur pour une huile de noix raffinée.
24. Fameuse recette de petit déjeuner créée par le Dr Kousmine.

*Cuisson, chaleur indirecte (four):* utiliser plutôt de l'huile de *noisette.*
*A une saveur caractéristique recherchée.*

## Conservation

- Acheter en petite quantité.
- Protéger de la lumière et conserver dans une bouteille sombre.
- Protéger de l'air et refermer la bouteille immédiatement après utilisation.
- Conserver au frais; conserver au réfrigérateur si pressée à froid.
- Vérifier la date d'expiration.

**Remarque:** Cette huile coûte cher.

## L'huile de lin

**Points de vente**

On ne trouve pas d'huile de lin dans les épiceries régulières.

On peut se procurer cette huile dans les magasins d'aliments naturels sous la forme pressée à froid[25].

**Composition**

*Acides gras **polyinsaturés**:*     68 % (dont 14 % d'acide linoléique et 54 % d'acide alpha-linolénique)

*Acides gras monoinsaturés:*     21 %
*Acides gras saturés:*     9 %

**Impact nutritionnel**

*Valeur nutritive:*     10 mL (2 c. à thé) renferment:
  80 calories
  9,1 g de gras
  0,9 g de gras saturés
  1,8 g de gras monoinsaturés
  6,0 g de gras **polyinsaturés**

*Cholestérol:*     aucune trace
*Vitamine E:*     valeur inconnue
*Effets sur le cholestérol sanguin:*     on a effectué peu d'études sur ce produit.
*Autre particularité:*     l'huile de lin se distingue des autres huiles par son contenu appréciable d'acide alpha-linolénique, qui semble avoir une action intéressante sur le système immunitaire.

25. L'allégation «pressée à froid» n'est pas réglementée et ne protège pas le consommateur. Voir toutefois les résultats d'analyses récentes en page 78.

## Utilisations culinaires

*Sans cuisson, cuisine froide:* s'utilise dans les vinaigrettes; se mélange avec un fromage blanc maigre et sert de tartinade; fait partie de la recette classique de *crème Budwig*[26].

*Cuisson, chaleur directe (poêlon):* résiste très mal à la chaleur; n'est pas appropriée pour la cuisson.

*Cuisson, chaleur indirecte (four):* n'est pas conseillée dans les aliments cuits au four.

*A une saveur caractéristique.*

## Conservation

- Acheter de très petites quantités à la fois.
- Protéger de la lumière et conserver dans une bouteille sombre.
- Protéger de l'air et refermer la bouteille après utilisation.
- Conserver au réfrigérateur, pour un maximum de deux mois suivant l'achat.
- Vérifier la date d'expiration.

**Remarque:** L'huile de lin coûte cher et rancit rapidement.

---

26. Fameuse recette de petit déjeuner créée par le Dr Kousmine.

## L'huile de tournesol

### Points de vente
Dans les épiceries sous la forme régulière ou raffinée et dans les magasins d'aliments naturels sous la forme pressée à froid[27].

### Composition
*Acides gras **polyinsaturés:*** 69 % (acide linoléique)
*Acides gras monoinsaturés:* 20 %
*Acides gras saturés:* 11 %

### Impact nutritionnel
*Valeur nutritive:*  10 mL (2 c. à thé) renferment:
83 calories
9,2 g de gras
1,2 g de gras saturés
1,5 g de gras monoinsaturés
6,5 g de gras **polyinsaturés**
*Cholestérol:*  aucune trace
*Vitamine E:*  4,1 mg[28] (alpha-tocophérol)
*Effets sur le cholestérol sanguin:*  fait baisser le cholestérol total y compris les HDL (bon cholestérol).

### Utilisations culinaires
*Sans cuisson, cuisine froide:*  s'utilise dans les vinaigrettes et les marinades.
*Cuisson, chaleur directe (poêlon):* à cuire sur feu doux, cette huile supportant mal les températures élevées.
*Cuisson, chaleur indirecte (four):* s'utilise dans les produits de boulangerie: muffins, gâteaux, pains, biscuits.

**Remarque:** l'huile de tournesol a une saveur très douce.

27. L'allégation «pressée à froid» n'est pas réglementée et ne protège pas le consommateur. Voir toutefois les résultats d'analyses récentes en page 78.
28. Valeur pour une huile de tournesol raffinée.

## Conservation

- Acheter en petite quantité.
- Protéger de la lumière et conserver dans une bouteille sombre.
- Protéger de l'air et refermer la bouteille immédiatement après utilisation.
- Conserver au réfrigérateur si pressée à froid; sinon garder au frais.
- Vérifier la date d'expiration s'il y a lieu.

## L'huile de maïs

**Points de vente**

Dans les épiceries sous la forme régulière ou raffinée et dans certains magasins d'aliments naturels sous la forme pressée à froid[29].

**Composition**

| | |
|---|---|
| *Acides gras **polyinsaturés:*** | 62 % (dont 61 % d'acide linoléique et 1 % d'acide alpha-linolénique) |
| *Acides gras monoinsaturés:* | 25 % |
| *Acides gras saturés:* | 13 % |

**Impact nutritionnel**

| | |
|---|---|
| *Valeur nutritive:* | 10 mL (2 c. à thé) renferment: |
| | 80 calories |
| | 9,1 g de gras |
| | 1,1 g de gras saturés |
| | 2,2 g de gras monoinsaturés |
| | 8,0 g de gras **polyinsaturés** |
| *Cholestérol:* | aucune trace |
| *Vitamine E:* | 1,3 mg[30] |
| *Effets sur le cholestérol sanguin:* | fait baisser le cholestérol total y compris les HDL (bon cholestérol). |

**Utilisations culinaires**

| | |
|---|---|
| *Sans cuisson, cuisine froide:* | s'utilise dans les vinaigrettes. |
| *Cuisson, chaleur directe (poêlon):* | ne pas chauffer. |
| *Cuisson, chaleur indirecte (four):* | s'utilise dans les produits de boulangerie. |

---

29. L'allégation «pressée à froid» n'est pas réglementée et ne protège pas le consommateur. Voir toutefois les résultats d'analyses récentes en page 78.
30. Valeur pour une huile de maïs raffinée.

## Conservation

- Acheter en petite quantité.
- Protéger de la lumière et conserver dans un endroit sombre.
- Protéger de l'air et refermer la bouteille immédiatement après utilisation.
- Conserver dans un endroit frais; conserver au réfrigérateur si pressée à froid.
- Vérifier la date d'expiration s'il y a lieu.

## L'huile de soya

### Points de vente

Dans les épiceries sous la forme régulière ou raffinée, souvent dans des mélanges d'huiles végétales; dans les magasins d'aliments naturels sous la forme pressée à froid [31].

### Composition

| | |
|---|---|
| *Acides gras **polyinsaturés**:* | 58 % (dont 51 % d'acide linoléique et 7 % d'acide alpha-linolénique) |
| *Acides gras monoinsaturés:* | 24 % |
| *Acides gras saturés:* | 15 % |

### Impact nutritionnel

| | |
|---|---|
| *Valeur nutritive:* | 10 mL (2 c. à thé) renferment: |
| | 80 calories |
| | 9,1 g de gras |
| | 1,3 g de gras saturés |
| | 2,1 g de gras monoinsaturés |
| | 5,3 g de gras **polyinsaturés** |
| *Cholestérol:* | aucune trace |
| *Vitamine E:* | 1 mg[32] (alpha-tocophérol) |
| *Effets sur le cholestérol sanguin:* | fait baisser le cholestérol total y compris les HDL (bon cholestérol). |

### Utilisations culinaires

| | |
|---|---|
| *Sans cuisson, cuisine froide:* | s'utilise dans les vinaigrettes. |
| *Cuisson, chaleur directe (poêlon):* | il est préférable de ne pas la chauffer. |
| *Cuisson, chaleur indirecte (four):* | s'utilise dans des produits de boulangerie. |

---

31. L'allégation «pressée à froid» n'est pas réglementée et ne protège pas le consommateur. Voir toutefois les résultats d'analyses récentes en page 78.
32. Valeur pour une huile de soya raffinée.

## Conservation

- Acheter en petite quantité.
- Protéger de la lumière et conserver dans une bouteille sombre.
- Protéger de l'air et refermer la bouteille après utilisation.
- Conserver dans un endroit frais; conserver au réfrigérateur si pressée à froid.
- Vérifier la date d'expiration s'il y a lieu.

# Les huiles tropicales

On n'achète pas une bouteille d'huile tropicale comme on achète une bouteille d'huile d'olive, mais l'industrie en utilise de grandes quantités dans plusieurs aliments pour des raisons de goût, de coût, de texture et de consistance. La famille des huiles tropicales comprend, entre autres, *l'huile de palme* ou *palmiste*, *l'huile de noix de coco*, *l'huile de babassu*. Toutes ces huiles contiennent *beaucoup* d'acides gras *saturés*.

## Impact nutritionnel

Les huiles tropicales riches en gras saturés augmentent le cholestérol total, y compris les LDL (mauvais cholestérol). Elles favorisent la formation de caillots susceptibles de bloquer les artères.

## Quelques produits qui en contiennent

- Biscuits de toutes sortes
- Certaines céréales
- Certains mélanges à pâte à pizza
- Croustillant Shake 'n' bake
- Certaines margarines
- Certains produits de boulangerie

# CHAPITRE VII

# *Les suppléments et les substituts*

Notre corps a besoin de gras pour bien fonctionner, mais il est important que nous lui fournissions les meilleures sources possibles, soit les aliments riches en *acides gras essentiels* et en *oméga-3*.

Nous pouvons aussi trouver ces gras sous forme de suppléments sur les rayons des pharmacies et des magasins d'aliments naturels. Ces produits se regroupent en deux catégories: les acides gras essentiels et leurs dérivés, et les huiles de poisson.

Connaissez-vous les huiles d'onagre et de bourrache? Ce sont les suppléments les plus connus de la première catégorie. Les huiles de foie de morue et de flétan, qui ont laissé à plusieurs d'entre nous des souvenirs gustatifs impérissables, font partie de la deuxième catégorie. C'était hier! Aujourd'hui, les huiles de poisson sont plus faciles à avaler parce qu'elles se dissimulent dans des gélules.

## Les huiles d'onagre et de bourrache

Les huiles d'onagre (primevère du soir) et de bourrache sont extraites des plantes du même nom et renferment un gras bien spécial présent dans le lait maternel: l'*acide gamma-linolénique*. Après la période du sevrage, ce gras spécial ne se retrouve plus dans notre alimentation parce que le corps réussit à le fabriquer à partir de l'*acide linoléique*. Mais il arrive que la conversion de l'un à l'autre se fasse mal. Trop de gras animal, trop de gras *hydrogéné*, trop d'alcool au menu peuvent bloquer l'enzyme nécessaire à cette conversion. Le vieillissement, les périodes de stress, ou certaines maladies comme le diabète et les infections virales peuvent également provoquer ce problème.

De nombreuses recherches ont étudié l'action de l'*acide gamma-linolénique* sur le fonctionnement du corps humain. Elles ont prouvé que ce gras spécial favorisait la production d'une famille de prostaglandines qui a des pouvoirs anti-inflammatoires. Cette famille est essentielle à l'équilibre hormonal féminin; elle rend aussi la peau imperméable et influence les systèmes immunitaire et cardiovasculaire. Les recherches ont également montré qu'une déficience d'acide gamma-linolénique a plusieurs effets sur la santé, du moins en théorie; en pratique, il est plus difficile d'en faire la preuve.

L'huile d'onagre a été beaucoup plus étudiée que l'huile de bourrache. Le *Compendium* des produits pharmaceutiques (outil de travail des professionnels de la santé) mentionne l'huile d'onagre pour soulager les symptômes prémenstruels. Dans notre pratique clinique, nous l'avons aussi recommandée à des personnes qui avaient la peau très sèche et nous avons eu des résultats intéressants: un mois plus tard, l'effet était visible à l'œil et au toucher. L'huile d'onagre peut également être utile pour des problèmes comme le psoriasis et les dermites.

On ne peut affirmer que l'huile d'onagre est toujours efficace dans tous les cas, mais on peut l'essayer sans risque, à moins de souffrir d'épilepsie. Prise en grandes quantités, elle peut causer la diarrhée, mais ingérée selon les doses recommandées, elle est inoffensive. Toutefois, il est préférable de prendre ce supplément aux repas plutôt qu'à jeun pour éviter la nausée. Pour se transformer efficacement en prostaglandines, l'acide gamma-linolénique a besoin de zinc, de pyridoxine (vitamine $B_6$), de niacine (vitamine $B_3$) et de vitamine C, que l'on peut trouver dans l'alimentation ou dans un autre supplément.

Le marché offre plusieurs huiles d'onagre, de qualités fort variables. En lisant les étiquettes des produits, recherchez les informations suivantes:

- le code DIN (*drug identification number*),
- le numéro de lot,
- la date d'expiration,
- la composition précise.

Vérifiez si l'huile provient de graines cultivées de façon biologique et si elle est pressée à froid. Toutes ces informations ne garantissent pas la qualité, mais elles dénotent un certain contrôle.

Selon une étude portant sur la qualité des huiles d'onagre, effectuée en France en 1992 par le Laboratoire interrégional de la répression des fraudes de Montpellier, certaines huiles analysées ne contenaient même pas d'huile d'onagre, d'autres étaient fabriquées à partir de graines déjà rances et oxydées. Une seule répondait à toutes les normes de qualité. Sommes-nous ici en présence d'un problème semblable? Tout porte à le croire, mais il reste à le prouver.

L'huile de bourrache contient une plus grande quantité d'acide gamma-linolénique que l'huile d'onagre, mais cette dernière est plus efficace pour stimuler la formation des prostaglandines dont on a parlé précédemment. Il y a peu d'huile de bourrache sur le marché et parmi celles recensées, aucune ne porte le code DIN.

## Les huiles de poisson

Au chapitre premier, on a vu que des chercheurs utilisaient des huiles de poisson pour traiter certaines maladies. Les résultats obtenus les encouragent à poursuivre les recherches. En général, ils utilisent des suppléments d'huiles de poisson non vendus au Canada, et souvent en doses très importantes, mais ils ont les compétences et les moyens de contrôler le déroulement de leurs études.

On ne peut augmenter sa consommation d'huiles de poisson au gré de sa fantaisie, car en prendre trop, c'est comme en prendre trop peu... parfois pire.

Il n'en demeure pas moins que les gras de poisson sont utiles pour calmer l'inflammation, pour ralentir la coagulation du sang et pour stimuler le système immunitaire. Pour profiter de ces bénéfices, la meilleure stratégie est d'augmenter votre consommation de poisson, de poisson gras en particulier. Si vous craignez de vous exposer aux agents toxiques que le poisson peut contenir, choisissez des produits des mers froides et profondes ou des poissons de culture nourris de façon à ne pas modifier leur contenu en gras oméga-3.

Si vous avez ce type d'aliments en horreur, un supplément d'huile de poisson peut vous venir en aide. Mais encore là, pas n'importe lequel.

Au Canada, deux huiles de poisson ont été approuvées et possèdent le code DIN. Ce sont les huiles de foie de morue et de foie de flétan. Vérifiez sur l'étiquette la date d'expiration et le numéro de lot.

On peut se procurer ces produits sous forme de gélules en deux formats. Ces huiles contiennent de la vitamine A et de la vitamine D, qui sont solubles dans le gras mais qui peuvent être toxiques si elles sont prises en trop grande quantité. Par mesure de prudence, ne dépassez pas la dose de 400 UI de vitamine D par jour. Pendant la grossesse, il ne faut pas prendre plus 10 000 UI de vitamine A par jour.

- Une gélule d'*huile de foie de morue* contient:
  — de 1250 à 3000 UI de vitamine A,
  — de 100 à 300 UI de vitamine D.
- Une gélule d'*huile de foie de flétan* contient:
  — de 5000 à 10 000 UI de vitamine A,
  — 400 UI de vitamine D.

Une ou deux capsules par jour de ces suppléments peuvent être utiles aux personnes susceptibles de manquer de vitamine D: celles qui ne boivent jamais de lait et celles qui se tiennent loin du soleil par choix ou par la force des choses.

## Les substituts ou *faux* gras

L'industrie alimentaire a une fois de plus réagi à sa façon face à la phobie du cholestérol et à l'obsession de la minceur. Elle a inventé de *nouveaux gras* qui imitent la texture du vrai gras, mais qui ne fournissent plus autant de calories, ni autant de gras.

Contrairement à un simple additif qui est ajouté en très petite quantité à un aliment, ces substituts risquent d'occuper une très large place dans l'alimentation de demain.

Même si 57 % des Américains croient en la nécessité de tels substituts de gras, nous avons des réticences et encore beaucoup de questions.

Si quelqu'un remplace la moitié du gras de son menu habituel par ces faux gras, quel sera l'effet cumulatif? Ces substituts peuvent-ils être consommés par tout le monde ou devrait-on les réserver à certains groupes d'individus?

Certains substituts, comme *Olestra* (voir à la page 109), ne sont pas normalement digérés. Mais qu'est-ce qui pourrait se produire si l'intestin laissait passer quotidiennement une toute petite quantité de ce produit dans la circulation sanguine? Quels seraient les risques de toxicité? D'autres substituts ne sont digérés que partiellement; mais comment affecteront-ils la disponibilité des vitamines A, D, E, K solubles dans les gras, l'équilibre des acides gras essentiels ou l'absorption de certains médicaments?

On ne connaît vraiment pas les effets à long terme d'un changement de la flore intestinale sur la synthèse de la vitamine K, de la biotine et de certains acides gras. On sait par ailleurs que ces substituts non digérés affectent le transit et la flore de l'intestin, qu'ils peuvent avoir un effet laxatif, ou même occasionner un blocage intestinal. Comment faire le lien entre ces aliments et les problèmes intestinaux chez certains enfants? L'emballage de ces produits devrait-il porter un avertissement à ce sujet ou suggérer une quantité limitée?

On prétend que ces nouveaux gras peuvent aider les personnes qui souhaitent réduire le gras et les calories de leur alimentation. Mais sait-on si ces produits ont un effet à long terme sur la consommation totale d'aliments? Les faux gras risquent-ils la même réaction que les substituts de sucre? Aux États-Unis, il se consomme quatre fois plus de substituts de sucre qu'en 1975, il se mange plus de sucre également, et les problèmes d'obésité ne diminuent pas, au contraire. Ces substituts de gras s'ajouteront-ils aux autres gras au lieu de les remplacer, du moins en partie?

Sous prétexte de réduire le gras et le cholestérol alimentaires, certaines personnes risquent de manger trop d'aliments riches en substituts de gras sans savoir si elles peuvent en espérer une baisse de cholestérol sanguin. Aucune étude clinique laisse entrevoir une telle issue.

Au Canada seulement quelques substituts de gras sont actuellement présents dans certains aliments alors qu'aux États-Unis, on en retrouve une plus grande quantité. Voici les termes qui peuvent apparaître sur une étiquette pour décrire un de ces substituts.

## Crème allégéeMC

Ce substitut fait de protéines laitières transformées n'est utilisé pour l'instant que dans la Crémaglace Parlour 1 %. Selon la compagnie qui a mis au point cette crème, on en viendra à l'utiliser pour beaucoup d'autres produits laitiers et non laitiers.

## SimplesseMC

Ce substitut est fait d'un mélange de protéines de blanc d'œuf et de lait, réduites en microparticules et dont la texture s'apparente à celle du gras. En février 1990, il a été accepté au Canada comme agent épaississant et modificateur de texture pour les desserts congelés. Aucune étude n'a été requise pour vérifier l'absence d'effets indésirables sur la santé.

Ce substitut peut apparaître d'un jour à l'autre dans la crème sure, les trempettes, la crème glacée, le beurre, le yogourt, le fromage, les glaces à gâteaux, les desserts réfrigérés, les vinaigrettes, la mayonnaise, la margarine.

Simplesse ne peut toutefois pas servir pour la grande friture.

## Gommes, fibres solubles et amidons

Bien que ces produits soient acceptés depuis longtemps comme additifs ou ingrédients, l'industrie alimentaire les utilisait uniquement en petites quantités comme agents épaississants ou comme modificateurs de texture. On les emploie maintenant sur plus grande échelle pour remplacer le gras. Mais on ne connaît pas l'impact sur la santé d'une telle utilisation de ces produits.

On peut retrouver ces substituts dans de la garniture à la crème, des bonbons, de la viande en conserve, des vinaigrettes, des desserts congelés, des tartinades et trempettes, des produits de boulangerie et de pâtisserie, des mets cuisinés, etc.

## Olestra

Ce produit que l'organisme n'absorbe pas est composé de huit acides gras attachés à une molécule de sucre.

Olestra est utilisé aux États-Unis mais n'est pas encore accepté au Canada. Ce substitut, qui provient d'une synthèse chimique, doit faire l'objet d'études d'innocuité. Il ne fournit ni calorie, ni cholestérol, ni gras et pourrait être utilisé pour préparer des croustilles et autres aliments en grande friture.

> *Dans tout ce dossier des faux gras, nous sommes bien loin des bons gras!*

# CHAPITRE VIII

# *Des menus mieux choisis*

## Quelques suggestions de menus

La vie se poursuit et le gras continue de se faufiler dans notre assiette, au restaurant comme à la maison! Suivre la démarche proposée de la nouvelle règle d'or (voir le chapitre IV), c'est choisir la qualité mais c'est aussi gérer la quantité, car trop de gras nuit à la santé.

Nous sommes allées dans divers restaurants et avons vérifié la gamme des aliments servis. Qu'il s'agisse de restauration rapide (*fast food*) ou haut de gamme, de repas pris à la maison ou en partie au restaurant, nous avons considéré plusieurs possibilités.

Pour vous aider à choisir les *bons* gras et à détecter les *mauvais*, pour vous aider aussi à réduire votre consommation totale de gras, nous vous proposons, à titre d'exemple, une série de huit menus d'une journée. Quatre des menus renferment entre 78 g et 105 g de gras, et surtout des mauvais gras. Les quatre autres contiennent entre 28 g et 46 g de gras, et que des gras de bonne qualité.

Vous verrez, la clé ne se situe pas dans un restaurant en particulier, mais dans les aliments que *vous* choisissez. Et le plaisir de manger n'est aucunement proportionnel à la quantité de gras dans l'assiette.

Selon la nouvelle règle d'or, la cote des *bons* gras ☺ souligne la présence d'acides gras monoinsaturés, alpha-linolénique ou oméga-3, alors que la cote des *mauvais* gras ☹ souligne la présence de gras hydrogénés et d'huiles tropicales.

## MENU 1
### Dans les chaînes de restauration rapide

| REPAS D'UNE JOURNÉE | Calories (kcal) | Gras (g) | |
| --- | --- | --- | --- |
| **DÉJEUNER** | | | |
| McMuffin, saucisses et œuf | 415 | 25 | ☹ |
| café avec crème 10 % (15 mL) | 19 | 2 | |
| | | | |
| **DÎNER** | | | |
| nuggets croustillants au poulet | 280 | 20 | ☹ |
| frite, petite portion | 240 | 12 | ☹ |
| cola diète | 0 | 0 | |
| chausson aux pommes | 280 | 15 | ☹ |
| | | | |
| **SOUPER** | | | |
| pizza toute garnie, moyenne, 1 portion | 295 | 15 | |
| cola diète | 0 | 0 | |
| | | | |
| **COLLATION** | | | |
| cornet à la vanille, petit | 140 | 4 | |
| | | | |
| Total | 1669 | 93 | |

**Au total, 50 % des calories sont constituées de gras.**

☹ Cet aliment est une source de *mauvais gras*.

## MENU 2
### Dans les chaînes de restauration rapide, choix moins gras et de meilleure qualité

| REPAS D'UNE JOURNÉE | Calories (kcal) | Gras (g) | |
|---|---|---|---|
| **DÉJEUNER** | | | |
| jus d'orange | 80 | 0,2 | ☺ |
| bol de céréales avec noix | 100 | 1,3 | ☺ |
| lait 2 % (125 mL) | 64 | 2,5 | |
| pain de grains entiers, grillé (2 tranches) | 132 | 1,2 | ☺ |
| carré de beurre (5 g) | 36 | 4 | |
| café noir | 0 | 0 | |
| **DÎNER** | | | |
| chili | 220 | 7 | ☺ |
| petite pomme de terre au four | 135 | 0,2 | ☺ |
| salade jardinière | 70 | 2 | ☺ |
| vinaigrette italienne (15 mL) | 93 | 10,3 | ☺ |
| lait 2 % (215 mL) | 110 | 4 | |
| cantaloup (comptoir à salade) | 20 | 0,2 | ☺ |
| **SOUPER** | | | |
| pizza aux fruits de mer, moyenne, 1 portion | 306 | 7 | ☺ |
| café et lait 2 % (30 mL) | 13 | 0,5 | |
| pomme (de la maison) | 81 | 0,5 | ☺ |
| **COLLATION** | | | |
| cornet au yogourt, grandeur moyenne | 126 | 1,1 | |
| Total | 1586 | 40,9 | |

**Au total, 23 % des calories sont constituées de gras.**

☺ Cet aliment est une source de *bons gras*.

## MENU 3
### À la maison

| REPAS D'UNE JOURNÉE | Calories (kcal) | Gras (g) | |
|---|---|---|---|
| **DÉJEUNER** | | | |
| céréales Harvest Crunch recette originale (100 mL) | 200 | 9 | ☹ |
| lait homo 3,25 % (125 mL) | 80 | 4 | |
| café avec crème 10 % (15 mL) | 18 | 2 | |
| **DÎNER** | | | |
| spaghetti: sauce à la viande de bœuf maigre | 173 | 3 | |
| et pâtes alimentaires blanches, cuites (250 mL) | 164 | 1 | |
| salade (laitue, épinards, tomates et concombres) | 36 | 0,2 | ☺ |
| vinaigrette à la mayonnaise (15 mL) | 86 | 10 | |
| muffin commercial | 225 | 11 | ☹ |
| **SOUPER** | | | |
| truite (100 g), frite | 216 | 13 | ☺ |
| à la margarine (10 mL) | 67 | 9 | ☹ |
| pomme de terre au four | 110 | 0,2 | ☺ |
| crème sure (30 mL) | 47 | 4 | |
| haricots verts (125 mL) | 23 | 0,2 | ☺ |
| et margarine (5 mL) | 36 | 4 | ☹ |
| **COLLATION** | | | |
| barre granola Quaker Dipps: fondant chocolat et beurre d'arachide | 175 | 10 | ☹ |
| Total | 1616 | 82,6 | |

**Au total, 49 % des calories sont constituées de gras.**

☺ Cet aliment est une source de *bons gras*.
☹ Cet aliment est une source de *mauvais gras*.

## MENU 4
### À la maison, choix moins gras et de meilleure qualité

| REPAS D'UNE JOURNÉE | Calories (kcal) | Gras (g) | |
|---|---|---|---|
| **DÉJEUNER** | | | |
| 1/2 pamplemousse | 37 | 0,1 | |
| céréales müesli maison (225 mL) (avoine, citron, lait, sirop d'érable, amandes, pommes) | 217 | 6 | ☺ |
| yogourt 1 % (60 mL) ajouté aux céréales | 35 | 1 | |
| lait partiellement écrémé, 1 % (250 mL) | 110 | 3 | |
| | | | |
| **DÎNER** | | | |
| spaghetti, sauce aux tomates avec tofu | 170 | 9 | ☺ |
| pâtes alimentaires de blé entier, cuites (250 mL) | 160 | 1 | ☺ |
| salade (laitue, épinards, tomates, concombre) | 36 | 0,2 | ☺ |
| huile d'olive extra-vierge (5 mL) | 40 | 5 | ☺ |
| vinaigre balsamique (5 mL) | 1 | 0 | |
| pain sept grains (1 tranche) | 80 | 1 | ☺ |
| salade de fruits (250 mL) | 121 | 0,1 | ☺ |
| | | | |
| **SOUPER** | | | |
| truite (100 g), braisée | 216 | 13 | ☺ |
| pomme de terre au four (1 petite) | 110 | 0,2 | ☺ |
| yogourt 1 % (30 mL) | 18 | 0,3 | |
| brocoli à la vapeur avec citron (250 mL) | 47 | 0,3 | ☺ |
| muffin maison | 136 | 4 | ☺ |
| | | | |
| **COLLATION** | | | |
| kéfir ou yogourt nature 1 % (125 mL) | 80 | 2 | |
| fraises fraîches en morceaux (125 mL) | 24 | 0,3 | ☺ |
| | | | |
| Total | 1638 | 46,3 | |

**Au total, 25 % des calories sont constituées de gras.**

☺ Cet aliment est une source de *bons gras*.

## MENU 5
### Mi-restaurant, mi-maison

| REPAS D'UNE JOURNÉE | Calories (kcal) | Gras (g) |
|---|---|---|
| DÉJEUNER (à la maison) | | |
| tranches de bacon | 72 | 7 |
| œuf frit dans la margarine | 115 | 10 ☹ |
| tranche de pain, blé entier | 80 | 1 ☺ |
| margarine (5 mL) | 36 | 4 ☹ |
| | | |
| DÎNER (au restaurant) | | |
| salade-repas avec poulet, fromage et vinaigrette César | 550 | 40 |
| frites | 290 | 15 ☹ |
| cola diète | 0 | 0 |
| | | |
| SOUPER (à la maison) | | |
| repas congelé: cannelloni au fromage* | 260 | 12 |
| yogourt 10 % (125 mL) | 284 | 13 |
| | | |
| COLLATION | | |
| biscuit digestif (1) | 49 | 2 ☹ |
| | | |
| Total | 1616 | 103 |

**Au total, 54 % des calories sont constituées de gras.**

☺ Cet aliment est une source de *bons gras*.

☹ Cet aliment est une source de *mauvais gras*.

  * Certains repas congelés peuvent renfermer du gras hydrogéné. Bien lire la liste des ingrédients.

**MENU 6**
**Mi-restaurant, mi-maison,**
**choix moins gras et de meilleure qualité**

| REPAS D'UNE JOURNÉE | Calories (kcal) | Gras (g) | |
|---|---|---|---|
| DÉJEUNER (à la maison) | | | |
| jus de pomme (125 mL) | 62 | 0,1 | ☺ |
| œuf à la coque | 79 | 6 | |
| tranche de pain sept grains | 80 | 1 | ☺ |
| beurre (5 mL) | 36 | 4 | |
| lait 1 % (250 mL) | 110 | 3 | |
| | | | |
| DÎNER (au restaurant) | | | |
| poitrine de poulet en salade | 222 | 2 | |
| vinaigrette aux fines herbes (15 mL) | 71 | 7,9 | ☺ |
| tranche de pain de blé entier | 80 | 1 | ☺ |
| cocktail de fruits frais | 95 | 0,1 | ☺ |
| | | | |
| SOUPER (à la maison) | | | |
| repas congelé: lasagne aux courgettes* | 260 | 7 | |
| tranche de pain sept grains | 80 | 1 | ☺ |
| yogourt 1 % | 110 | 1,6 | |
| | | | |
| COLLATION | | | |
| noix et fruits secs (30 mL) | 95 | 2 | ☺ |
| lait 1 % (250 mL) | 110 | 3 | |
| | | | |
| Total | 1490 | 39,7 | |

**Au total, 21 % des calories sont constituées de gras.**

☺ Cet aliment est une source de *bons gras*.

\* Certains repas congelés peuvent renfermer du gras hydrogéné. Bien lire la liste des ingrédients.

## MENU 7
### Dans les restaurants haut de gamme

| REPAS D'UNE JOURNÉE | Calories (kcal) | Gras (g) |
|---|---|---|
| **DÉJEUNER** | | |
| jus de pamplemousse (125 mL) | 51 | 0,1 ☺ |
| croissant chaud | 235 | 12 ☹ |
| beurre (5 mL ) | 35 | 4 |
| café avec crème à café (30 mL ) | 56 | 6 |
| | | |
| **DÎNER** | | |
| potage Dubarry (200 mL) | 177 | 15 |
| (crème de chou-fleur) | | |
| petit pain croûté | 156 | 1,6 |
| assiette de fromage (60 g) | 211 | 18,5 |
| | | |
| **SOUPER** | | |
| longe de veau rôtie (60 g) | 362 | 20 |
| (veau, beurre, vin blanc) | | |
| sauce aux champignons (50 mL) | 73 | 2 |
| (beurre, farine, champignons, jaune d'œufs, | | |
| crème fraîche, bouillon, muscade) | | |
| gratin Dauphinois (85 mL) | 90 | 7 |
| (pomme de terre, oignon, | | |
| gruyère, crème fraîche) | | |
| carottes Vichy (130 mL) | 86 | 6 |
| (carottes, beurre, persil) | | |
| fraises fraîches (125 mL) | 24 | 0,3 ☺ |
| crème anglaise (65 mL) | 98 | 4 |
| (sucre en poudre, jaunes d'œufs, lait, vanille) | | |
| | | |
| Total | 1624 | 102,5 |

**Au total, 57 % des calories sont constituées de gras.**

☺ Cet aliment est une source de *bon gras*.

☹ Cet aliment est une source de *mauvais gras*.

## MENU 8
### Dans les restaurants haut de gamme, choix moins gras et de meilleure qualité*

| REPAS D'UNE JOURNÉE | Calories (kcal) | Gras (g) | |
|---|---|---|---|
| **DÉJEUNER** | | | |
| 1/2 pamplemousse frais | 37 | 0,1 | ☺ |
| muffin au son chaud | 136 | 4 | ☺ |
| fromage cottage (125 mL) | 89 | 1 | |
| café avec lait 2 % (30 mL) | 16 | 0,6 | |
| **DÎNER** | | | |
| soupe de tomates au basilic | 73 | 3 | ☺ |
| (tomates, oignon, céleri, huile d'olive, basilic, ail, bouquet garni, poivre, sel) | | | |
| fagotin de légumes et filets de sole Régence | 233 | 2 | ☺ |
| (filets de sole, écrevisses, carottes, céleri-rave, courgettes, épinards, haricots verts, échalotes, champignons, vin blanc, moules, épices) | | | |
| pain de grains entiers (1 tranche) | 80 | 1 | ☺ |
| carré de beurre (5 g) | 36 | 4 | |
| mille-feuille léger aux framboises | 164 | 2 | ☺ |
| (yogourt, farine, huile, lait, sucre, framboises, citron, menthe, fécule de maïs, sel) | | | |
| Infusion | 0 | 0 | |
| **SOUPER** | | | |
| lasagne de tofu jardinière | 293 | 6 | ☺ |
| (tofu, carottes, navets, céleri-rave, pommes de terre, courgettes, épinards, fécule de maïs, lait écrémé, bouillon de volaille, blancs d'œufs, épices) | | | |
| pain de grains entiers (1 tranche) | 80 | 1 | ☺ |
| sorbet aux kiwis | 200 | 1 | ☺ |
| (kiwis, fraises, orange, citron, sucre) | | | |
| **COLLATION** | | | |
| lait 1 % (250 mL) | 105 | 3 | |
| Total | 1542 | 28,7 | |

**Au total, 17 % des calories sont constituées de gras.**

☺ Cet aliment est une source de *bons gras*.

* Recettes tirées du livre *Minceur Exquise*, de Guérard et Coumont, Laffont, 1989.

## Trucs pour la cuisine

Voici quelques trouvailles pour cuisiner de bons gras et diminuer la consommation totale de gras sans perdre un gramme de plaisir. Et vous verrez, une idée en fait germer une autre…

- Arrosez quelques tranches de tomates bien mûres avec du vinaigre balsamique et oubliez l'huile ou la vinaigrette… La saveur est absolument exquise! Saupoudrez de ciboulette si désiré.
- Badigeonnez de minces tranches d'aubergines avec quelques gouttes d'huile d'olive et un peu d'ail; assaisonnez et faites griller au four plutôt que de chauffer dans un poêlon dans beaucoup d'huile.
- Préparez une vinaigrette avec moitié huile d'olive extra-vierge et moitié vinaigre balsamique, un peu de moutarde de Dijon, sel et poivre au goût; cette recette permet de réduire la proportion d'huile et d'augmenter la saveur.
- Tartinez un sandwich au poulet ou à la dinde avec du yogourt nature d'un côté et de la moutarde de Dijon de l'autre: un délice sans beurre ni mayonnaise.
- Laissez égoutter un yogourt léger dans un coton à fromage et un tamis quelques heures ou toute une nuit; vous obtenez un fromage de yogourt crémeux et onctueux. Incorporez dans un *Cheesecake* santé ou servez avec des fraises, une demi-poire ou une figue fraîche; nappez d'un coulis de framboises et faites des heureux.
- Écrasez un bel avocat bien mûr, saupoudrez d'un peu de jus de citron et tartinez sur un pain pita de blé entier ou sur un petit pain de grains entiers à la place du beurre!
- Remplacez la margarine par un beurre santé en plaçant au mélangeur 125 mL (1/2 tasse) de beurre et 125 mL (1/2 tasse) d'huile de tournesol. (Soyez avare dans votre utilisation.)
- Pour éviter de consommer une huile polyinsaturée (surtout si votre taux de cholestérol est trop élevé), mélangez 125 mL (1/2 tasse) de beurre et 125 mL (1/2 tasse) d'huile de noisette pressée à froid; délicieux sur du pain grillé, mais attention de ne pas en abuser!

- Remplacez l'œuf entier par deux blancs d'œuf pour faire crêpes, omelettes, muffins ou autres recettes semblables; cela vous permet de réduire le gras et d'augmenter la portion des protéines.
- Préparez une quiche allégée en oubliant la croûte; c'est l'intérieur qui donne toute la saveur!

# Appendice A

*Le contenu en gras
de différents aliments*

N. B. Toutes les valeurs inscrites dans les tableaux sont arrondies.

| VIANDES ROUGES | Portion | | Gras |
| --- | --- | --- | --- |
| | impérial (oz) | métrique (g) | (g) |
| **Bœuf cuit** **sans matières grasses** | | | |
| à ragoût, maigre | 3 | 90 | 9 |
| bifteck, régulier | 3 | 90 | 9 |
| bifteck, maigre | 3 | 90 | 6 |
| haché, régulier | 3 | 90 | 17 |
| haché, maigre | 3 | 90 | 13 |
| rôti de côtes, régulier | 3 | 90 | 18 |
| rôti de côtes, maigre | 3 | 90 | 10 |
| rôti de croupe, régulier | 3 | 90 | 10 |
| rôti de croupe, maigre | 3 | 90 | 7 |
| **Agneau cuit** **sans matières grasses** | | | |
| gigot, régulier | 3 | 90 | 16 |
| gigot, maigre | 3 | 90 | 6 |
| côtelette, régulier | 3 | 90 | 35 |
| côtelette, maigre | 3 | 90 | 7 |
| **Porc cuit** **sans matières grasses** | | | |
| filet, maigre | 3 | 90 | 4 |
| longe, régulier | 3 | 90 | 19 |
| longe, maigre | 3 | 90 | 9 |
| croupe (cuisse), régulier | 3 | 90 | 14 |
| croupe (cuisse), maigre | 3 | 90 | 7 |
| **Veau cuit** **sans matières grasses** | | | |
| côtelette ou escalope | 3 | 90 | 12 |
| **Foie cuit** **sans matières grasses** | | | |
| veau | 3 | 90 | 4 |
| poulet | 3 | 90 | 4 |
| porc | 3 | 90 | 4 |
| bœuf | 3 | 90 | 4 |

| CHARCUTERIE | Portion | | Gras |
| --- | --- | --- | --- |
| | impérial | métrique | (g) |
| 2 saucisses hot dog | 1 oz | 30 g | 10 |
| 1 saucisse fumée (bœuf/porc) | 1 1/3 oz | 37 g | 11 |
| 1 saucisse fumée (dinde) | 1 1/3 oz | 37 g | 7 |
| 1 tranche de jambon cuit | 1 oz | 30 g | 3 |
| 1 tranche de salami | 3/4 oz | 22 g | 4 |
| 1 tranche de saucisson de bologne | 3/4 oz | 22 g | 6 |
| 3 tranches de boudin | 3 oz | 90 g | 30 |
| Pâté de foie | 3 c. à soupe | 45 mL | 12 |
| Creton | 3 c. à soupe | 45 mL | 15 |

| POULET ET DINDE | Portion | | Gras |
| --- | --- | --- | --- |
| | impérial (oz) | métrique (g) | (g) |
| **Poulet** | | | |
| viande blanche, sans peau | 3 | 90 | 4 |
| viande brune, sans peau | 3 | 90 | 9 |
| viande blanche et peau | 3 | 90 | 7 |
| **Dinde** | | | |
| viande blanche, sans peau | 3 | 90 | 3 |
| viande brune, sans peau | 3 | 90 | 6 |

| POISSONS ET FRUITS DE MER | Portion | | Gras |
|---|---|---|---|
| | impérial (oz) | métrique (g) | (g) |
| **Poissons** | | | |
| Saumon, truite, maquereau | 3 | 90 | 12 ☺ |
| Sardines, corégone | 3 | 90 | 12 ☺ |
| Hareng | 3 | 90 | 12 ☺ |
| Plie | 3 | 90 | 8 ☺ |
| Morue, flétan, goberge | 3 | 90 | 5 ☺ |
| Doré, perchaude, éperlan | 3 | 90 | 2 ☺ |
| Sole, raie | 3 | 90 | 1 ☺ |
| Thon conservé dans l'eau | 3 | 90 | 1 ☺ |
| Thon conservé dans l'huile (égoutté) | 3 | 90 | 7 ☺ |
| **Crustacés et fruits de mer** | | | |
| Anchois | 1 | 30 | 2 ☺ |
| Calmars | 3 | 90 | 2 ☺ |
| Caviar | 1 c. à soupe | 15 mL | 2 ☺ |
| Crabe impérial | 3 | 90 | 7 ☺ |
| Crabe, autres espèces | 3 | 90 | 2 ☺ |
| Crevettes | 3 | 90 | 1 ☺ |
| Cuisses de grenouilles | 3 | 90 | 2 ☺ |
| Escargots | 3 | 90 | 1 ☺ |
| Homard | 3 | 90 | 1 ☺ |
| Huîtres | 3 | 90 | 2 ☺ |
| Moules, palourdes | 3 | 90 | 2 ☺ |
| Pétoncles | 3 | 90 | 1 ☺ |

☺ Cet aliment est une source de *bons gras*.

| ŒUFS, LÉGUMINEUSES, GRAINES, NOIX ET SUBSTITUTS | Portion | | Gras (g) |
|---|---|---|---|
| | impérial | métrique | |
| 1 gros œuf | — | 50 g | 6 |
| 1 jaune d'œuf | — | 17 g | 6 |
| 1 blanc d'œuf | — | 33 g | traces |
| Lentilles, pois cassés cuits | 1 tasse | 250 mL | 1 ☺ |
| Haricots blancs ou rouges cuits | 1 tasse | 250 mL | 1 ☺ |
| Pois chiches cuits | 1 tasse | 250 mL | 4 ☺ |
| Fèves de soja cuites | 1 tasse | 250 mL | 11 ☺ |
| Tempeh (fèves de soja fermentées) | 1 tasse | 250 mL | 13 ☺ |
| Tofu mou | 1/2 tasse | 125 mL | 6 ☺ |
| Tofu ferme | 1/2 tasse | 125 mL | 11 ☺ |
| Amandes et noix de Grenoble | 1/4 tasse | 60 mL | 20 ☺ |
| Arachides, avelines et noisettes | 1/4 tasse | 60 mL | 19 ☺ |
| Pacanes et pistaches | 1/4 tasse | 60 mL | 19 ☺ |
| Noix de pin | 1/4 tasse | 60 mL | 22 ☺ |
| Noix d'acajou | 1/4 tasse | 60 mL | 17 ☺ |
| Noix du Brésil | 1/4 tasse | 60 mL | 25 ☺ |
| Noix de coco filamentée | 1/4 tasse | 60 mL | 7 |
| Beurre d'arachide régulier | 1 c. à soupe | 15 mL | 8 ☺ |
| Beurre d'arachide naturel | 1 c. à soupe | 15 mL | 8 ☺ |
| Beurre d'amande naturel | 1 c. à soupe | 15 mL | 10 ☺ |
| Beurre de sésame (tahini) | 1 c. à soupe | 15 mL | 8 ☺ |
| Graines de citrouille | 1/4 tasse | 60 mL | 14 ☺ |
| Graines de sésame | 1/4 tasse | 60 mL | 22 ☺ |
| Graines de tournesol | 1/4 tasse | 60 mL | 19 ☺ |

☺ Cet aliment est une source de *bons gras*.

| LAIT ET PRODUITS LAITIERS | Portion | | Gras |
|---|---|---|---|
| | impérial | métrique | (g) |
| **Lait** | | | |
| entier (3,25 % m.g.) | 1 tasse | 250 mL | 9 |
| 2 % m.g. | 1 tasse | 250 mL | 5 |
| 1 % m.g. | 1 tasse | 250 mL | 3 |
| écrémé | 1 tasse | 250 mL | traces |
| en poudre, écrémé | 1 c. à soupe | 15 mL | traces |
| **Fromages fermes, demi-fermes ou fondus** | | | |
| **contenant 35 % m.g.** tels que gruyère bleu havarti | 1 1/2 oz | 45 g | 16 |
| **contenant 30 % m.g.** tels que roquefort münster parmesan colby monterey cheddar | 1 1/2 oz | 45 g | 14 |
| **contenant 28 % m.g.** tels que emmental gouda limburger port salut provolone romano edam | 1 1/2 oz | 45 g | 13 |
| **contenant 25 % m.g.** tels que mozzarella neufchatel suisse tilsit feta | 1 1/2 oz | 45 g | 12 |

| LAIT ET PRODUITS LAITIERS (suite) | Portion | | Gras |
|---|---|---|---|
| | impérial | métrique | (g) |
| **Fromages fermes, demi-fermes ou fondus (suite)** **contenant 20 % m.g.** tels que fromage de chèvre       cracker barel       baron | 1 1/2 oz | 45 g | 9 |
| **contenant 15 % m.g.** tels que mozzarella part.       écrémée       havarti part. écrémé       brick écrémé       type emmental allegro       croûte lavée alibi       fromage de chèvre       brie allegro | 1 1/2 oz | 45 g | 7 |
| **contenant 7 % ou 8 % m.g.** tels que danbo       solaidoubs       Saint-Benoît léger       bigros léger       la vache qui rit | 1 1/2 oz | 45 g | 3 |
| **Fromages cottages** en crème (4,5 % m.g.) | 1/2 tasse | 125 mL | 5 |
| 2 % m.g. | 1/2 tasse | 125 mL | 2 |
| 1 % m.g. | 1/2 tasse | 125 mL | 1 |
| 0,4 % m.g. | 1/2 tasse | 125 mL | traces |
| **Tofu Rella** (tofu fondu type fromage) léger (réduit en matières grasses) | 1 1/2 oz | 45 g | traces |
| régulier | 1 1/2 oz | 45 g | 7 ☺ |

☺ Cet aliment est une source de *bons gras*.

| LAIT ET PRODUITS LAITIERS (suite) | Portion | | Gras |
|---|---|---|---|
| | impérial | métrique | (g) |
| **Yogourts** | | | |
| nature 10 % m.g. | 3/4 tasse | 175 mL | 18 |
| nature 5,9 % m.g. | 3/4 tasse | 175 mL | 11 |
| fruits 4,5 % m.g. | 3/4 tasse | 175 mL | 8 |
| nature 3,9 % m.g. | 3/4 tasse | 175 mL | 7 |
| nature 3,2 % m.g. | 3/4 tasse | 175 mL | 6 |
| fruits 3,1 % m.g. | 3/4 tasse | 175 mL | 6 |
| nature 2 % m.g. | 3/4 tasse | 175 mL | 4 |
| fruits ou nature 1 % m.g. | 3/4 tasse | 175 mL | 2 |
| fruits ou nature 0,1 % m.g. | 3/4 tasse | 175 mL | traces |
| **Autres produits laitiers fermentés** | | | |
| Kéfir nature 1,5 % m.g. | 3/4 tasse | 175 mL | 3 |
| Kéfir fruits 1,2 % m.g. | 3/4 tasse | 175 mL | 2 |
| Biobest Plus 1,2 % m.g. (bifidus et acidophilus) | 3/4 tasse | 175 mL | 2 |
| Yogourt et müesli 2,5 % m.g. | 3/4 tasse | 175 mL | 4 |
| Yoqark 3,5 % m.g. (yogourt + quark) | 3/4 tasse | 175 mL | 6 |
| Quark 0,25 % m.g. | 3/4 tasse | 175 mL | traces |
| Yop 1,7 % m.g. | 3/4 tasse | 175 mL | 3 |
| Yop 1,0 % m.g. | 3/4 tasse | 175 mL | 2 |
| **Crèmes glacées et desserts surgelés** | | | |
| Crème glacée gourmet 16 % m.g. | 1 tasse | 250 mL | 24 |
| Crème glacée régulière 10 % m.g. | 1 tasse | 250 mL | 15 |
| Crème glacée légère 6,7 % m.g. | 1 tasse | 250 mL | 9 |
| Lait glacé 4 % m.g. | 1 tasse | 250 mL | 6 |
| Yogourt congelé 2,7 % m.g. | 1 tasse | 250 mL | 5 |
| Sorbet 2 % m.g. | 1 tasse | 250 mL | 4 |
| Sorbet sans gras 0,1 % m.g. | 1 tasse | 250 mL | traces |
| **Crème** | | | |
| Crème 35 % m.g. | 1 c. à soupe | 15 mL | 5 |
| Crème 15 % m.g. | 1 c. à soupe | 15 mL | 2 |
| Crème 10 % m.g. | 1 c. à soupe | 15 mL | 1,5 |
| Crème sure 14 % m.g. | 1 c. à soupe | 15 mL | 3 |

| FRUITS ET LÉGUMES | Portion | | Gras |
|---|---|---|---|
| | | métrique (g) | (g) |
| Tous les fruits sauf l'avocat | — | — | traces ☺ |
| Avocat de Californie | 1/2 avocat | 88 | 15 ☺ |
| de Floride | 1/2 avocat | 150 | 14 ☺ |
| Tous les légumes | — | — | traces ☺ |

| MATIÈRES GRASSES | Portion | | Gras |
|---|---|---|---|
| | impérial | métrique (mL) | (g) |
| Toutes les huiles[1] | 1 c. à soupe | 15 | 14 ☺ |
| Beurre | 1 c. à soupe | 15 | 11 |
| Margarine | 1 c. à soupe | 15 | 11 ☹ |
| Mayonnaise régulière | 1 c. à soupe | 15 | 11 |
| Sauce type mayonnaise légère | 1 c. à soupe | 15 | 5 |
| Vinaigrettes | | | |
| fromage bleu | 1 c. à soupe | 15 | 8 ☺ |
| française, Mille-Îles | 1 c. à soupe | 15 | 6 ☺ |
| réduites en | | | |
| matières grasses | 1 c. à soupe | 15 | 2 |
| sans gras | 1 c. à soupe | 15 | 0 |

☺ Cet aliment est une source de *bons gras*.

☹ Cet aliment est une source de *mauvais gras*.

_____

1. Huiles d'olive, de canola, de noisettes et de lin.

| GRAINS, PAINS ET PÂTES | Portion | | Gras |
| --- | --- | --- | --- |
| | impérial | métrique | (g) |
| Gruau cuit | 1 tasse | 250 mL | 3 ☺ |
| Riz ou orge cuits | 1 tasse | 250 mL | 1 ☺ |
| Pâtes alimentaires cuites | 1 tasse | 250 mL | 1 ☺ |
| Crêpes | 5 oz | 150 g | 2 |
| Beignet | 1 1/2 oz | 45 g | 8 ☹ |
| Croissant | 2 oz | 60 g | 12 ☹ |
| Muffin maison moyen | 1 1/2 oz | 45 g | 4 ☹ |
| Muffin commercial | 5 oz | 150 g | 9 ☹ |
| Muffin anglais | 2 oz | 60 g | 1 |
| Pain blanc ou brun | 1 tranche | | 1 ☺ |
| Certains pains à grains entiers | 1 tranche | | 1 ☺ |
| Certains pains à grains entiers | 1 tranche | | 3 ☺ |
| Pain à hot dog, hamburger | 1 | | 2 |
| Tortilla | 1 | | 1 ☺ |
| Pain pita | 1 | | 1 ☺ |
| Bagel | 1 | | 2 ☺ |
| Brioche | 1 | | 2 ☹ |

☺  Cet aliment est une source de *bons gras*.

☹  Cet aliment est une source de *mauvais gras*.

2. Certains produits de boulangerie, même certains pains de blé entier, peuvent contenir des gras hydrogénés. Lisez les étiquettes.

| PÂTISSERIES ET BISCUITS | Portion | | Gras (g) |
|---|---|---|---|
| Gâteau et glace | 2 oz | 60 g | 12 ☹ |
| Gâteau au fromage | 3 oz | 90 g | 18 ☹ |
| Tarte aux fruits | 5 oz | 150 g | 18 ☹ |
| Biscuit brisures de chocolat | 1 biscuit | 10 g | 4 ☹ |
| Biscuit beurre d'arachide | 1 biscuit | 14 g | 4 ☹ |
| Biscuit arrowroot | 1 biscuit | 6 g | 1 ☹ |
| 1 Craquelin melba, soda | — | — | traces ☹ |
| 1 Galette de riz | — | — | traces |

| CASSE-CROÛTE, RESTAURATION RAPIDE | Portion | | Gras (g) |
|---|---|---|---|
| 30 Croustilles | — | — | 21 ☹ |
| Pretzels | 1 oz | 30 g | 1 ☹ |
| Pop-corn sans beurre | 1 tasse | 250 mL | traces |
| Pop-corn avec beurre | 1 tasse | 250 mL | 4 |
| Tablette de chocolat | 1 2/3 oz | 54 g | 15 ☹ |
| Poulet frit | 3 oz | 90 g | 15 ☹ |
| Sandwich de poisson pané | 3 oz | 90 g | 14 ☹ |
| Pizza au fromage | 3 oz | 90 g | 7 |
| Pizza avec pepperoni | 3 oz | 90 g | 9 |
| 1 Hot dog (pain et saucisse) | — | — | 14 |
| 1 Hamburger (pain et galette) | — | — | 11 |
| Frites | 3 oz | 90 g | 14 ☹ |
| Lait fouetté | 1 tasse | 250 mL | 6 |

☹ Cet aliment est une source de *mauvais gras.*

# Appendice B

*Le contenu en gras de certains produits commerciaux*

N.B. Les chiffres fournis concernent le contenu en gras tel qu'il a été recensé à l'été 1992. Aucune cote de qualité n'est indiquée, car la composition de ces aliments change périodiquement.

| VINAIGRETTES | Portion (mL) | Gras (g) |
|---|---|---|
| **Vinaigrettes régulières** | | |
| KRAFT | | |
|   Italienne maison | 15 | 6 |
|   Crémeuse italienne | 15 | 4,9 |
|   Crémeuse aux herbes et épices | 15 | 6,6 |
|   Salade de chou *(coleslaw)* | 15 | 5,3 |
|   Catalina | 15 | 5 |
|   Française | 15 | 5,2 |
|   Crémeuse, oignon et ciboulette | 15 | 6,6 |
|   Crémeuse au concombre | 15 | 6,9 |
|   Ranch au poivre | 15 | 9,2 |
|   Crémeuse campagne | 15 | 6,9 |
|   Crémeuse César | 15 | 7,6 |
|   Golden César | 15 | 6,6 |
|   Huile et vinaigre | 15 | 7 |
|   Fines herbes et ail | 15 | 9,5 |
|   Mélange à vinaigrette César | 15 | 6,3 |
|   Italienne Golden | 15 | 5,7 |
|   Italienne piquante | 15 | 5,7 |
|   Échalote | 15 | 7,3 |
|   Mille-îles | 15 | 5,1 |
| POTAGÈRE | | |
|   Moutarde de Dijon | 15 | 6,2 |
|   Vin rouge et thym frais | 15 | 5,2 |
|   Estragon | 15 | 5,2 |

| VINAIGRETTES (suite) | Portion (mL) | Gras (g) |
|---|---|---|
| **Vinaigrettes réduites en calories** KRAFT | | |
| Italienne maison | 15 | 2,3 |
| Type française | 15 | 1,4 |
| Catalina | 15 | 0,4 |
| Italienne | 15 | 0,4 |
| Type chef | 15 | 0,6 |
| Crémeuse aux champignons | 15 | 2,3 |
| Mille-Îles | 15 | 2 |
| Ranch au poivre | 15 | 2,4 |
| WEIGHT WATCHERS | | |
| Mille-Îles | 15 | 0,6 |
| Française | 15 | 0,9 |
| César | 15 | 0,3 |
| Crémeuse — salade de chou | 15 | 0,3 |
| Type crème rancho | 15 | 0,4 |
| Crémeuse au concombre | 15 | 0,4 |
| Italienne | 15 | 0,3 |
| NEWMAN'S OWN (aucun additif) | | |
| Italienne légère | 15 | 4 |
| **Vinaigrettes libres (sans gras)** KRAFT | | |
| Libre type française | 15 | 0 |
| Libre ranch | 15 | 0 |
| Libre Mille-Îles | 15 | 0 |
| CHELTON HOUSE | | |
| César | 15 | 0 |
| Italienne | 15 | 0 |
| **Vinaigrettes biologiques** AYLA'S ORGANICS | | |
| Italienne | 15 | traces |
| Épicée d'Indonésie | 15 | 1,3 |
| Française | 15 | 0 |
| Russe | 15 | 0 |
| Dill crémeuse | 15 | traces |

| MAYONNAISES, TARTINADES | Portion (mL) | Gras (g) |
|---|---|---|
| **Vraie mayonnaise** | | |
| KRAFT | 15 | 11,5 |
| HELLMANN'S | 15 | 10,2 |
| **Sauce type mayonnaise — légère** | | |
| KRAFT | 15 | 4,6 |
| HELLMANN'S | 15 | 5,1 |
| HELLMANN'S sans cholestérol | 15 | 4,7 |
| **Sauce à salade** | | |
| KRAFT Miracle Whip | 15 | 6,9 |
| KRAFT Miracle Whip sans cholestérol | 15 | 3,8 |
| Weight Watchers | 15 | 1,8 |
| **Mayonnaise à base de tofu** | | |
| NASOYA | | |
| Ail et sésame | 15 | 3 |
| Italienne | 15 | 3 |
| Jardinière | 15 | 3 |
| NAYONAISE | 15 | 3 |
| **Mayonnaise avec jus de fruits concentrés** | | |
| MAYOLINE — nature | 15 | 7,7 |
| **Vinaigrette fouettée** | | |
| HELLMANN'S | 15 | 7,2 |
| **Tartinade pour sandwich** | | |
| KRAFT | 15 | 3,9 |
| **Sauce tartare** | | |
| KRAFT | 15 | 7,8 |
| **Sauce burger** | | |
| KRAFT | 15 | 7,1 |

| MARGARINES ET GRAISSE | Portion (mL) | Gras (g) |
|---|---|---|
| **Margarines régulières** **(salées, non salées, demi-salées)** | | |
| Becel | 10 | 8 |
| Fleischmann's | 10 | 8 |
| Lactantia | 10 | 8 |
| Parkey | 10 | 8 |
| Thibault sans cholestérol | 10 | 8 |
| Mirage-Mirador | 10 | 8 |
| Monarch | 10 | 8 |
| Blue Bonnet | 10 | 8 |
| Impérial | 10 | 8 |
| **Margarines légères** | | |
| Becel | 10 | 3,9 |
| Lactantia | 10 | 3,9 |
| Country Crock | 10 | 3,8 |
| Thibault | 10 | 4 |
| **Autre produit gras** | | |
| Crisco | 10 | 8 |

| YOGOURTS | Portion (g) | Gras (g) |
|---|---|---|
| **Yogourts nature** | | |
| Liberté Méditerranée 10 % | 125 | 12,5 |
| Astro genre Balkan 5,9 % | 125 | 7,4 |
| Delisle — ferme 3,9 % | 125 | 4,8 |
| Astro 3,2 % | 125 | 4,0 |
| Delisle brassé 2,2 % | 125 | 2,8 |
| Liberté 2 % | 125 | 2,5 |
| Astro 2 % | 125 | 2,4 |
| Yoplait brassé 1,9 % | 125 | 2,4 |
| Astro 1 % | 125 | 1,3 |
| Sealtest 0,9 % | 125 | 1,1 |
| Liberté svelte 0,1 % | 125 | 0,1 |
| Silhouette léger 0,1 % | 125 | 0,1 |
| Yoplait léger brassé 0,1 % | 125 | 0,1 |
| Astro sans cholestérol 0,1 % et sans matières grasses | 125 | 0,1 |
| **Yogourts aux fruits ou aromatisés** | | |
| Liberté Méditerranée 8 % | 125 | 10 |
| Astro genre Balkan 4,5 % | 125 | 5,6 |
| Delisle ferme — fruits 3,1 % | 125 | 4 |
| Delisle ferme vanille 2,8 % | 125 | 3,5 |
| Delisle brassé 1,7 % | 125 | 2,1 |
| Yoplait brassé 1,5 % | 125 | 1,9 |
| Delisle léger 1 % | 125 | 1,2 |
| Sealtest 0,9 % | 125 | 1,1 |
| Liberté svelte 0,1 % | 125 | 0,2 |
| Silhouette 0,1 % | 125 | 0,1 |
| Damafro 0,1 % | 125 | 0,1 |

| LAIT | Portion (mL) | Gras (g) |
|---|---|---|
| **Lait de soya** | | |
| Soyolait | 100 | 2 |
| Horium | 100 | 2,5 |

| DESSERTS SURGELÉS | Portion (mL) | Gras (g) |
|---|---|---|
| QUÉBON | | |
| Crème glacée | | |
| vanille | 100 | 5,6 |
| érable et noix | 100 | 7,6 |
| LAVAL | | |
| Crème glacée | | |
| croquant de sucre d'érable | 100 | 4,9 |
| PARLOUR 1 % «marbrée» | 100 | 0,7 |
| SEALTEST | | |
| Sorbet | | |
| arc-en-ciel | 100 | 0,8 |
| orange | 100 | 0,9 |
| Yogourt congelé fouetté (2,7 % m.g.) | | |
| J. HIGBY'S | | |
| Yogourt glacé | | |
| délices aux fraises | 100 | 2,7 |
| vanille royale | 100 | 2,9 |
| tonnerre au chocolat | 100 | 3 |
| TOFUTTI | | |
| Dessert gelé sans lait | | |
| vanille | 100 | 9,2 |
| meilleure pacane | 100 | 14,4 |
| spéciale fraise-légère | 100 | 0,5 |
| moka suisse-légère | 100 | 0,5 |
| Sandwich surgelé | | |
| vanille | 45 g | 4,9 |
| chocolat | 45 g | 5 |
| WEIGHT WATCHERS | | |
| Crème glacée | | |
| délice aux fraises | 100 | 0,3 |
| moka | 100 | 0,3 |
| Barre gelée | | |
| fraise | 100 | 0,2 |
| vanille | 100 | 0,2 |
| fondant chocolat | 100 | 0,7 |

| DESSERTS SURGELÉS (suite) | Portion (mL) | Gras (g) |
|---|---|---|
| RICE DREAM | | |
| Dessert riz brun (type crème glacée) | | |
| vanille et amandes | 100 | 4,8 |
| citron | 100 | 4 |
| baies sauvages | 100 | 4 |
| ICE BEAN | | |
| Glace à base de soja | | |
| chocolat et menthe | 100 | 8 |
| FUDGSICLE | | |
| Barre gelée, légère | 100 | 1,7 |

| MÉLANGES À GÂTEAUX | Portion[1] (g) | Gras (g) |
|---|---|---|
| DUNCAN HINES | | |
| doré | | |
| mélange | 43 | 3,5 |
| recette originale | 78 | 11 |
| recette légère | 73 | 5,8 |
| choco-régal Delux | | |
| mélange | 43 | 4,5 |
| recette originale | 78 | 12 |
| recette légère | 74 | 5,7 |
| citronnette (1 étage) | | |
| mélange | 31 | 2,5 |
| muffin snacks | | |
| mélange | 38 | 7,6 |

1. Équivaut à une portion telle qu'elle est décrite sur l'étiquette.

| BARRE GRANOLA | Portion (g) | Gras (g) |
|---|---|---|
| QUAKER brisures à saveur de | | |
| beurre d'arachide (1) | 28 | 4,7 |
| dipps fondant au | | |
| beurre arachide (1) | 33 | 10 |
| érable et noix (1) | 28 | 5 |
| barre aux fruits (1) | 28 | 3,5 |
| NEILSON | | |
| sarrasin et miel (1) | 21 | 4,3 |
| noix et beurre (1) | 21 | 5,1 |
| Jersey milk, | | |
| arachides et miel (1) | 28 | 7,7 |

| PÂTES ALIMENTAIRES | Portion sèche (g) | Gras (g) |
|---|---|---|
| CATELLI | | |
| fettuccine | 85 | 1,3 |
| macaroni | 85 | 1 |
| lasagne blé entier | 85 | 1,6 |

| CROÛTE À TARTES | Portion (g) | Gras (g) |
|---|---|---|
| GAINSBOROUGH 1/8 | 18 | 5 |

| CROUSTILLES ET GRIGNOTINES | Portion (g) | Gras (g) |
|---|---|---|
| | 40 | 16,0 |

| TARTINADES — BEURRE D'ARACHIDE | Portion (g) | Gras (g) |
|---|---|---|
| NATURE | 30 | 14,1 |
| SQUIRREL | 30 | 15 |
| CHEEZ WHIZ KRAFT | 30 | 7,2 |
| COUNTRY CROCK | | |
| cheddar | 30 | 4,2 |
| garden and vegetable | 30 | 6,3 |
| herbs and garlic | 30 | 6,3 |
| french onion | 30 | 6,3 |

| BOISSONS | Portion (g) | Gras (g) |
|---|---|---|
| OVALTINE | | |
| naturel | 19 | 0,6 |
| chocolat | 19 | 1,7 |

| TOFU ET PRODUITS ALTERNATIFS | Portion (g) | Gras (g) |
|---|---|---|
| HORIUM  nature | 90 | 6 |
| BIO-TOFU nature | 100 | 7,2 |
| UNISOYA nature | 100 | 7,2 |
| **Tofu fondu** (style fromage ferme) TOFURELLA | | |
|     saveur cheddar léger | 30 | 0,1 |
|     saveur mozzarella léger | 30 | 0,1 |
|     saveur Monterey Jack | 30 | 5 |
|     ail et fines herbes | 30 | 5 |
|     Jalapano Jack | 30 | 5 |
| SOYCO | | |
|     tranche à l'américaine | 21 | 4 |
|     tranche à la suisse | 21 | 4 |
| **Saucisse au tofu** (hot dog) YVES FINE FOODS | | |
|     saucisses veggies | 46 | 4,9 |
|     saucisses au chili | 46 | 3,5 |
| ELPERRO | | |
|     saucisses veggies | 42 | 4,3 |
| **Blé fumé** *(smoke wheat)* YVES FINE FOODS | 100 | 1,1 |
| **Escalopes de tofu jardinière** (type hamburger) | 85 | 1,4 |
| YVES FINE FOODS | | |
|     nature | 85 | 2,6 |
|     champignons et gratin | 85 | 5,3 |
| **Végé-tourtière** FONTAINE SANTÉ | 100 | 8,6 |
| **Gâteau au fromage de soya** SOYCO | 85 | 100 |

| BISCUITS | Portion (biscuit) | (g) | Gras (g) |
|---|---|---|---|
| **DARE** | | | |
| Crème française | 2 ou 3 | 40 | 2,5 |
| Crème de noix de coco | 2 | 40 | 10,1 |
| Chocolate Chip | 6 | 40 | 9 |
| Digestifs | 4 | 40 | 6,7 |
| Crème au citron | 2 | 40 | 8,6 |
| Noix de coco | 5 ou 6 | 40 | 7,5 |
| Croquignole à la cannelle | 4 | 40 | 7,2 |
| Farine d'avoine | 5 à 7 | 40 | 6,1 |
| **McCORMICKS** | | | |
| Crème à la noix de coco | 2 | 40 | 11,2 |
| **CHRISTIE** | | | |
| Chips Ahoy | 3 | 40 | 8,9 |
| Oréo | 3 | 40 | 8,6 |
| Son d'avoine | 4 | 40 | 7 |
| Biscuit Graham | 6 | 40 | 5 |
| **CULINAR FOODS** | | | |
| Héro | 3 | 40 | 8 |
| **MAXI-FRUITS** | | | |
| Avoine et pêche | 2 | 40 | 6,1 |
| **DAVID** | | | |
| Petit beurre | 8 | 40 | 5,5 |
| P'tit gingembre | 8 | 40 | 1,9 |
| **VIAU** | | | |
| Petit beurre | 8 | 40 | 4,4 |

| CÉRÉALES FROIDES | Portion | | Gras |
| --- | --- | --- | --- |
| | (mL) | (g) | (g) |
| **POUR DÉJEUNER** | | | |
| HARVEST CRUNCH | | | |
| recette originale | 75 | 30 | 6,6 |
| raisins secs et amandes | 75 | 30 | 6,2 |
| recette légère | 75 | 30 | 2,8 |
| QUAKER | | | |
| Son et avoine | 175 | 30 | 1,7 |
| ALPEN MÜESLI | | | |
| Alpen müesli | 60 | 30 | 1,6 |
| KELLOGG'S | | | |
| Müesli au son | 90 | 30 | 1,4 |
| Corn Flakes noix et miel | 150 | 30 | 1,2 |
| Bran Buds avec psyllium | 75 | 30 | 0,8 |
| All Bran | 125 | 30 | 0,6 |
| GENERAL MILLS | | | |
| Fibre 1 | 125 | 30 | 1,2 |
| POST | | | |
| Fruit & Fibre | 125 | 30 | 1,2 |
| Grape Nuts | 100 | 30 | 0,3 |
| NABISCO | | | |
| Bran 100 % | 125 | 30 | 0,5 |
| Shreddies | 160 | 30 | 0,2 |
| LIFE STREAM | | | |
| 8 grains et fibres | — | 30 | 0,3 |

| PAINS | Portion[2] (g) | Gras (g) |
|---|---|---|
| **WEIGHT WATCHERS** | | |
| Pain blanc enrichi avec fibres soya | 100 | 1,4 |
| Pain de blé entier 60 % et fibres soya | 100 | 1,4 |
| **WESTON** | | |
| Blanc, léger | 100 | 1,4 |
| **POM** | | |
| Pain 100 % de blé entier | 100 | 1,1 |

| CRAQUELINS | Portion (biscuit) | (g) | Gras (g) |
|---|---|---|---|
| **CHRISTIE** | | | |
| Ritz | 7 | 25 | 6,1 |
| Premium Plus | 8 | 25 | 2,9 |
| (biscuit soda) | | | |
| Croc en blé | 7 | 25 | 4,4 |
| Fromage suisse | 13 | 25 | 6,4 |
| Triscuit | 6 | 25 | 3,7 |
| (50 % moins de sel) | | | |
| **DARE** | | | |
| Breton | 6 | 25 | 5,6 |

2. 100 grammes équivalent à 3 tranches.

| REPAS CONGELÉS | Portion 1 repas | Gras (g) |
|---|---|---|
| **STOUFFER'S** | | |
| Cannelloni au fromage | | 12 |
| Cannelloni bœuf et porc, sauce Mornay | | 8 |
| Lasagne aux courgettes | | 7 |
| Poulet à l'orange avec riz et légumes | | 4 |
| **SWANSON** | | |
| Poitrine de poulet parmesan, fettuccine Alfredo et légumes | | 23 |
| Lasagne Romano, pain à l'ail | | 11 |
| Poulet, sauce aigre-douce avec riz et légumes | | 2 |
| **McCAIN** | | |
| Bœuf continental, sauce au paprika, pommes de terre, légumes | | 15 |
| Poulet à l'italienne avec linguini, légumes et sauce au beurre | | 4 |
| **HIGH LINER** | | |
| Crevettes style scampi, sauce au beurre à l'ail et riz | | 19 |
| Thon teriyaki, riz, légumes et sauce | | 4 |
| **WEIGHT WATCHERS** | | |
| Bagels à saveur de pizza | | 10 |
| Poulet créole avec riz et légumes | | 2 |

# Bibliographie

**CHAPITRE 1**

Asciutti-Moura, L. S., et coll. «Fatty acid composition of serum lipids and its relation to diet in an elderly institutionalized population», *American Journal of Clinical Nutrition*, 1988, 48; 980-7.

Batres-Cerezo et coll. «Studies of women eating diets with different fatty acids composition. III. Fatty acids and prostaglandins synthesis by platelets and cultured human endothelial cells.», *Journal of the American College of Nutrition*, 1991, 10; 327-39.

Bourre, J.- M. *Les bonnes graisses*, Paris, Éditions Odile Jacob, 1990.

Crawford, M. A. et coll. «Essential fatty acids and the vulnerability of the artery during growth», *Postgraduate Medical Journal*, 1978, 54; 149-53.

Crawford, M. A. «The role of essential fatty acids in neural development: implications for perinatal nutrition», *American Journal of Clinical Nutrition*, 1993, 57 (suppl.) 703S-710S.

Cunnane, S. C. et coll. «Essential fatty acid and lipid profiles in plasma and erythrocytes in patients with multiple sclerosis», *American Journal of Clinical Nutrition*, 1989, 50; 801-6.

Dillon, J. C. «Essential fatty acid in metabolism in the elderly: effects of dietary manipulation», *Lipids in Modern Nutrition*, New York, Horisberger, M. et Bracco, U., Nestlé Nutrition, Vevey/Raven Press, 1987.

Emken, E. A. «Nutrition and biochemistry of trans and positional fatty acid isomers in hydrogenated oils», *American Review of Nutrition*, 1984, 4; 339-76.

Grant, H. W. «Duodenal ulcer is associated with low dietary linoleic acid intake», *Gut*, 1990, 31; 997-8.

Hennig, B. et B. A. Walkins. «Linoleic acid and linolenic acid: effect on permeability properties of culture endothelials cells monolayers», *American Journal of Clinical Nutrition*, 1989, 49; 301-15.

Holman, R. T. et coll. «Deficiency of essential fatty acids and membrane fluidity during pregnancy and lactation», *Proceedings of the National Academy of Sciences*, 1991, 88; 4835-4839.
Holman, R. T., et S. B. Johnson. «Essential fatty acid deficiencies in man», *Dietary Fats and Health*, Perkins, E. G. et Visek, W. J., Urbana, 1983, chap. 14; 247-66.

Neilsen, G. L. et coll. «The effects of dietary supplementation with rheumatoid arthritis: a randomized, double-blind trial», *European Journal of Clinical Investigation*, 1992, 22; 687-91.

Nettleton, J. A. «Are n-3 fatty acids essential nutrients for fetal and infant development?», *Journal of American Dietetic Association*, 1993, 93; 58-64.

Ricardo D. et coll. «Effect of dietary omega-3 fatty acids on retinal function of very-low-birth-weight neonates», *Pediatric Research*, 1990, 28; 485-92.

Sinclair H. M. (lettre) *Lancet*, 1956, 381-383.

Sinclair A. et R. Gibson *Essential Fatty Acids and Eicosanoids*, Champaign, Illinois, American Oil Chemist's Society, 1992.

Swank, R. H. et Grimsgaard. «Multiple sclerosis: the lipid relationship», *American Journal of Clinical Nutrition*, 1988, 48; 1387-93.

Ziboh, V. A. «Implications of dietary oils and polyunsaturated fatty acids in the management of cutaneous disorders», *Archives of Dermatology*, 1989, 125; 241-5.

**CHAPITRE 2**

*Gras et maladies cardiovasculaires*

Blankenhorn, D. H. et coll. «The influence of diet on the appearance of new lesions in human coronary arteries», *Journal of American Medical Association*, 1990, 263; 1646-52.

Blankenhorn, D. H. et coll. «Dietary fat influences human coronary lesion formation», *Circulation*, 1988, 76 (suppl.- II); 11.

Grundy, S. M. et G. V. Vega. «Plasma cholesterol responsiveness to saturated fatty acids», *American Journal of Clinical Nutrition*, 1988, 47; 822-4.

Hudgins, L. C. et coll. «Correlation of isomeric fatty acids in human adipose tissue with clinical risk factors for cardiovascular disease», *American Journal of Clinical Nutrition*, 1991, 53; 474-82.

Kestin, M., I. L. Rouse, R. A. Correll et P. Nestel, «Cardiovascular disease risk factors in free-living men: Comparison of two prudent diets, one based on lactoovovegetarianism and the other allowing lean meat», *American Journal of Clinical Nutrition*, 1989, 50; 280-7.

Kinsella, J. et coll. «Dietary n-3 polyunsaturated fatty acids and amelioration of cardiovascular disease: possible mechanisms», *American Journal of Clinical Nutrition*, 1990, 52; 1-28.

Ornish, D. *Dr Dean Ornish's program for reversing heart disease*, New York, Random House, 1990.

Ramsay, L. E. et coll. «Dietary reduction of serum cholesterol concentration: Time to think again», *British Medical Journal*, 1991, 303; 953-7.

Santé et Bien-Être social Canada. *Promotion de la santé cardiovasculaire au Canada: Pleins feux sur le cholestérol*, rapport du Groupe de travail sur la prévention et le contrôle des maladies cardiovasculaires, Ottawa, 1991.

Troisi, R. et coll. «Trans-fatty acid intake in relation to serum lipid concentrations in adult men», *American Journal of Clinical Nutrition*, 1992, 56; 1019-24.

Wenxun, F. et coll. «Erythrocyte fatty acids, plasma lipids, and cardiovascular disease in rural China», *American Journal of Clinical Nutrition*, 1990, 52; 1027-36.

Willett, W. C. et coll. «Intake of trans-fatty acids and risk of coronary heart disease among women», *Lancet*, 1993, 341; 581-85.

Zsigmond, E. et coll. «Changes in dietary lipid saturation modify fatty acid composition and high-density-lipoprotein binding of adipocyte plasma membrane», *American Journal of Clinical Nutrition*, 1990, 52; 1109.

*Gras et cancer*

Allinger, U. G. et coll. «Shift from a mixed to a lactovegetarian diet: influence on acidic lipids in fecal water. A potential risk factor for colon cancer», *American Journal of Clinical Nutrition*, 1989, 50; 992-6.

Benito, E. O et coll. «A population-based case-control study of colorectal cancer in Majorca. 1. Dietary factors», *International Journal of Cancer*, 1990, 45; 69-76.

Bennett, B. C. et D. Ingram. «Diet and female sex hormone concentrations: an intervention study for the type of fat consumed», *American Journal of Clinical Nutrition*, 1990, 52; 808-12.

Boyar, A. P. et coll. «Recommendations for the prevention of chronic disease: the application for breast disease», *American Journal of Clinical Nutrition*, 1988, 48; 896-900.

Bravo, M. G. et coll. «Effects of an eicosapentaenoic and docosahexaenoic acid concentrate on a human lung carcinoma grown in nude mice», *Lipids,* 1991, 26; 866-870.

Burkitt, D. «An approach to the reduction of the most western cancers: The failure of therapy to reduce disease», *Archives in Surgery*, 1991, 126; 345-7.

Carroll, K. K. «Dietary fats and cancer», *American Journal of Clinical Nutrition*, 1991, 53; 1064S-7S.

Ewertz, M. et C. Gill. «Dietary factors and breast-cancer risk in Denmark», *International Journal of Cancer*, 1990, 46; 779-84.

Freudenheim, J. et coll. «A case-control study of diet and rectal cancer in western New York», *American Journal of Epidemiology*, 1990, 131; 612-24.

Howe, G. R. et coll. «A cohort study of fat intake and risk of breast cancer», *Journal of National Cancer Institute*, 1991, 83; 336-40.

Knekt, P. et coll. «Dietary fat and risk of breast cancer», *American Journal of Clinical Nutrition*, 1990, 52; 903-8.

Ingram, D. M. et coll. «Prolactin and breast cancer risk», *Medical Journal of Australia*, 1990, 153; 469-73.

Ingram, D. M. et coll. «The role of diet in the development of breast cancer, benign hyperplasia and fibrocystic disease of the breast», *British Journal of Cancer*, 1991, 64; 187-91.

Riboli, E. et coll. «Diet and bladder cancer in Spain: A multi-centre case-control study», *International Journal of Cancer*, 1991, 49; 214-9.

Slattery, M. L. et coll. «Food-consumption trends between adolescent and adult years and subsequent risk for prostate cancer», *American Journal of Clinical Nutrition*, 1990, 52; 752-7.

Shun-Zang, Y. et coll. «A Case-control study of dietary and nondietary risk factors for breast cancer in Shanghai», *Cancer Research*, 1990, 50; 5017-21.

Visek, W. J. *Dietary fat and cancer*, présentation lors du XXIII$^e$ Congrès international de l'industrie laitière tenu à Montréal, 1990.

Willett, W. C. et coll. «Relation of meat, fat, and fiber intake to the risk of colon cancer in a prospective study among women», *New England Journal of Medicine*, 1990, 323; 1664-72.

Woods, M. N. et coll. «Low-fat, high fiber and serum estrone sulfate in premenopausal women», *American Journal of Clinical Nutrition*, 1989, 49; 1179-83.

*Gras et immunité*

Chandra, R. K. «1990 Mc Collum Award Lecture. Nutrition and immunity: lessons from the past and new insights into the future», *American Journal of Clinical Nutrition*, 1991, 53; 1087-1101.

Cunnane, S. C. et coll. «Essential fatty acid and lipid profiles in plasma and erythrocytes in patients with multiple sclerosis», *American Journal of Clinical Nutrition*, 1989, 50; 801-6.

Darsham, S. K. et coll. «Dietary, alpha-linolenic acid and immunocompetence in humans», *American Journal of Clinical Nutrition*, 1991, 53; 40-6.

Kjeldsen-Kragh, J. et coll. «Controlled trial of fasting and one-year vegetarian diet in rheumatoid arthritis», *Lancet*, 1991, 338; 899-902.
Levander, O. A. et coll. «Menhaden-fish oil in a vitamin E-deficient diet; protection against chloroquine-resistant malaria in mice», *American Journal of Clinical Nutrition*, 1989, 50; 1237-9.

Packer, L. «Protective role of vitamin E in biological systems», *American Journal of Clinical Nutrition*, 1991, 53; 1050S-5S.

Phinney, S. D. et coll. «Reduced arachidonate in serum phospholipids and cholesteryl esters associated with vegetarian diets in human», *American Journal of Clinical Nutrition*, 1990, 51; 395-92.

Recht, L. et coll. «Hand handicap and rheumatoid arthritis in a fish-eating society (The Faroe Islands)», *Journal of International Medicine*, 1990, 227; 49-55.

Salomon, P. et coll. «Treatment of ulcerative colitis with fish oil n-3-w-fatty acid: An open trial», *Journal of Clinical Gastroenterology*, 1990, 12; 157-61.

Kojima, T. et coll. «Long-term administration of highly purified eicosapentaenoic acid provides improvement of psoriasis», *Dermatologica*, 1991, 182; 225-30.

Walton, A. J. et coll. «Dietary fish oil and the severity of symptoms in patients with systemic lupus erythematosus», *Annals Rheumatic Diseases*, 1991, 50; 463-66.

*Gras et poids*

Dulloo, A. et L. Girardier. «Adaptive changes in energy expenditure during refeeding following low-calorie intake: evidence for a specific metabolic component favoring fat storage», *American Journal of Clinical Nutrition*, 1990, 52; 415-20.

Dreon, D. et coll. «Dietary fat; carbohydrate ratio and obesity in middle-aged men», *American Journal of Clinical Nutrition*, 1988, 47; 995-1000.

Hill, J. et coll. «Nutrient balances in humans: effects of diet composition», *American Journal of Clinical Nutrition*, 1992, 54; 10-7.

Mc Kinney, S. et M. S. Buccacio. «Influence of dietary intake on body mass index and body fat of physically active middle-aged males», *Journal of American Dietetic Association* (suppl.), 1991, 91; A-100.

Miller, W. C. et coll. «Diet composition, energy intake, and exercise in relation to body fat in men and women», *American Journal of Clinical Nutrition*, 1990, 52; 426-30.

Prewitt E. L. et coll. «Changes in body weight, body composition and energy intake in women fed high and low fat diets», *American Journal of Clinical Nutrition*, 1991, 54; 304-310.

Schutz, Y. et coll. «Failure of dietary fat intake to promote fat oxidation; a factor favoring the development of obesity», *American Journal of Clinical Nutrition*, 1989, 50; 307-14.

Sheppard L. et coll. «Weight loss in women participating in a randomized trial of low fat diets», *American Journal of Clinical Nutrition*, 1991, 54; 821-828.

Stunkard, A. J. et coll. «The body-mass index of twins who have been reared apart», *New England Journal of Medicine*, 1990, 322; 1483-87.

Swinburn B et E. Ravussin. «Energy balance or fat balance?», *American Journal of Clinical Nutrition*, 1993, 57 (suppl.); 766S-771S.

Tremblay, A. et coll. «Impact of dietary fat content and fat oxidation on energy intake in humans», *American Journal of Clinical Nutrition*, 1989, 49; 799-805.

Tremblay, A. et coll. «Nutritional determinants of the increase in energy intake associated with a high-fat diet», *American Journal of Clinical Nutrition*, 1991, 53; 1134-37.

Westerterp K. R. «Food quotient, respiratory quotient and energy balance», *American Journal of Clinical Nutrition*, 1993, 57 (suppl.); 759S-765S.

**CHAPITRE 3**

Association canadienne des diététistes. «Pour atteindre des niveaux souhaitables de cholestérol sanguin: une approche diététique», *Revue de l'association canadienne des diététistes*, 1988, 49; 270-83.

Baggio, B. et coll. «Olive-oil enriched diet: effect on serum lipoproteins levels and biliary cholesterol saturation», *American Journal of Clinical Nutrition*, 1988, 47; 960-4.
Barr, S. L. et coll. «Reducing total dietary fat without reducing saturated fatty acids does not significantly lower total plasma cholesterol concentrations in normal males», *American Journal of Clinical Nutrition*, 1992, 55; 675-81.

Barradas, M. A. et coll. «The effect of olive oil supplementation on human platelet function, serum cholesterol-related variables and plasma fibrinogen concentrations; a pilot study», *Nutrition Research*, 1990, 10; 403-11.

Blonk, M. C. et coll. «Dose-response effect of fish-oil supplementation in healthy volunteers», *American Journal of Clinical Nutrition*, 1990, 52; 120-7.

Bonaa, K. H. et coll. «Effect of eicosapentaenoic and docosahexeanoic acids on blood pressure in hypertension. A population-based intervention trial from the Tromsø Study», *New England Journal of Medicine*, 1990, 322; 795-801.

Bourre, J.-M.: *Les bonnes graisses*, Paris, Éditions Odile Jacob, 1990.

Brault Dubuc, M et L. Caron Lahaie. *Valeur nutritive des aliments*, Bibliothèque nationale du Québec, 1987.

Brown, A. J. et coll. «A mixed Austrialian fish diet and fish-oil supplementation: impact on the plasma lipid profile of healthy men», *American Journal of Clinical Nutrition*, 1990, 52; 825-33.

Chan, J. K. et coll. «Dietary alphalinolenic acid is as effective as oleic acid and linoleic acid in lowering blood cholesterol in normolipidemic men», *American Journal of Clinical Nutrition*, 1991, 53; 1230-4.

Childs, M. T. et coll. «Effects of shellfish consumption on lipoproteins in normolipidemic men», *American Journal of Clinical Nutrition*, 1990, 51; 1020-27.

Childs, M. T. et coll. «Divergent lipoprotein response to fish oils with various ratios of eicosapentaenoic acid and docosahexaenoic acid», *American Journal of Clinical Nutrition*, 1990, 52; 632-39.

Cobiac, L. et coll. «Lipid, lipoprotein, and hemostatic effects of fish vs fish oil n-3 fatty acids in mildly hyperlipidemic males», *American Journal of Clinical Nutrition*, 1991, 53; 1210-16.

Cohen, J. et coll. «Serum triglycerides response to fatty meals: effects on meal fat contain», *American Journal of Clinical Nutrition*, 1988, 47; 825-7.

Cominachi, L. et coll. «Long-term effect of a low-fat, high-carbohydrate diet on plasma lipids of patients affected by familial endogenous hypertriglyceridemy», *American Journal of Clinical Nutrition*, 1988, 48; 57-65.

Edington, J. et coll. «Serum lipid response to dietary cholesterol in subjects fed a low-fat, high-fiber diet», *American Journal of Clinical Nutrition*, 1989, 50; 58-62.

Ernst, N. D. et J. Cleeman. «Reducing high blood cholesterol levels: Recommandations from the National Cholesterol Education Program», *Journal of Nutrition Education*, 1988, 20; 23-9.

Flaten, H. et coll. «Fish-oil concentrate: Effects on variables related to cardiovascular disease», *American Journal of Clinical Nutrition*, 1990, 52; 300-6.

Fondation des maladies du cœur du Québec et Société québécoise de biochimie clinique, *Le cholestérol: pour des résultats valides et fiables*, Merck Frosst Canada Inc., 1992.

Fumeron, F. et coll. «Lowering of HDL2. Cholesterol and lipoprotein A-1 particle levels by increasing the ratio of polyunsaturated to saturated fatty acids» *American Journal of Clinical Nutrition*, 1991, 53; 655-9.

Fumeron, F. et coll. «n-3 Polyunsaturated fatty acids raise low-density lipoproteins, high-density lipoprotein 2, and plasminogen activator inhibitor in healthy young men», *American Journal of Clinical Nutrition*, 1991, 54; 118-22.

Green, P. et coll. «Effects of fish-oil ingestion on cardiovascular risk factors in hyperlipidemic subjects in Israel: a randomized, double-blind crossover study», *American Journal of Clinical Nutrition*, 1990, 52; 1118-24.

Grundy, S. M. «Trans monounsaturated fatty acids and serum cholesterol levels», (Editorial), *New England Journal of Medicine,* 1990, 323; 480-1.

Grundy, S. M. et coll. «Comparison of monounsaturated fatty acids and carbohydrates for reducing raised levels of plasma cholesterol in man», *American Journal of Clinical Nutrition,* 1988, 47; 965-9.

Grundy, S. M. et G. V. Vega. «Plasma cholesterol responsiveness to saturated fatty acids» *American Journal of Clinical Nutrition,* 1988, 47; 822-4.

Haglund, O. et coll. «Effects of a new fluid fish oil concentrate, Eskimo-3, on triglycerides, cholesterol, fibrinogen and blood pressure», *Journal of Internal Medicine,* 1990, 227; 347-53.

Harris, W. S. et coll. «Fish oils in hypertriglyceridemia: a dose-response study», *American Journal of Clinical Nutrition,* 1990, 51; 399-406.

Hayes, K. C. et coll. «Dietary saturated fatty acids (12:0, 14:0, 16:0) differ in their impact on plasma cholesterol and lipoproteins in nonhuman primates», *American Journal of Clinical Nutrition,* 1991, 53; 491-8.

Holub, B. J. «Cholesterol-free foods: Where's the *trans?*», *Canadian Medical Association Journal,* 144: 3, 1991.

Hudgins, L. C. et coll. «Correlation of isomeric fatty acids in human adipose tissue with clinical risk factors for cardiovascular disease», *American Journal of Clinical Nutrition,* 1991, 53; 474-82.

Human Nutrition Information Service. *Composition of Foods. Handbook no 8 series,* United States Department of Agriculture, 1976-86.

Kestin, M. et coll. «n-3 Fatty acids of marine origin lower systolic blood pressure and triglycerides but raise LDL cholesterol compared with n-3 and n-6 fatty acids from plants», *American Journal of Clinical Nutrition,* 1990, 51; 1028-34.

Margolin, G. et coll. «Blood pressure lowering in elderly subjects; a double-blind crossover study of omega-3 and omega-6 fatty acid», *American Journal of Clinical Nutrition,* 1991, 53; 562-72.

Mensink, R. P. et M. B. Katan. «Effect of dietary trans fatty acids on high-density and low-density lipoprotein cholesterol levels in healthy subjects», *New England Journal of Medicine*, 1990, 323; 439-45.

Miettinen, T. A. et Y. A. Kisänumi. «Cholesterol absorption: regulation of cholesterol synthesis and elimination within-populations variations of serum cholesterol levels», *American Journal of Clinical Nutrition*, 1989, 49; 629-35.

Rassias, G. et coll. «Linoleic acid lowers LDL cholesterol without a proportionate displacement of saturated fatty acids», *European Journal of Clinical Nutrition*, 1991, 45; 315-20.

Santé et Bien-Être social Canada, *Valeur nutritive de quelques aliments*, Ottawa, ministère des Approvisionnements et Services Canada, 1987.

Silverman, D. I. et coll. «Comparison of the absorption and effect on platelet function of a single dose of n-3 fatty acids given as fish or fish oil», *American Journal of Clinical Nutrition*, 1991, 53; 1165-70.

Troisi, R. et coll. «Trans-fatty acid intake in relation to serum lipid concentrations in adult men», *American Journal of Clinical Nutrition*, 1992, 56; 1019-24.

Van Houvelingen, R. et coll. «Dietary fish effects on serum lipids and apolipoproteins, a controlled study», *American Journal of Clinical Nutrition*, 1990, 51; 393-8.

Wardlaw, M. G. et J. T. Snook. «Effect of diet high in butter, corn oil, or high oleic-acid sunflower oil on serum lipids and lipoproteins in men», *American Journal of Clinical Nutrition*, 1990, 51; 815-21.

Wardlaw, M. G. et coll. «Serum lipid and lipoprotein concentrations in healthy men on diets enriched in either canola oil or safflower oil», *American Journal of Clinical Nutrition*, 1991, 54; 104-10.

Willett, W. C. et coll. «Intake of trans-fatty acids and risk of coronary heart disease among women», *Lancet*, 1993, 341; 581-85.

**CHAPITRE 4**

Beggs, L. et coll. «Tracking nutrition Trends: Canadians' attitudes, knowledge and behaviours regarding fat, fibre and cholesterol», *Journal of Canadian Dietetic Association*, 1993, 54; 21-28.

Brault Dubuc, M. et L. Caron Lahaie. *Valeur nutritive des aliments*, Bibliothèque nationale du Québec, 1987.

Eaton, S. B. et M. Konner. «Paleolithic Nutrition», *New England Journal of Medicine*, 1985, 312 (5); 283-289.

Colquhoun, D. M. «Comparison of the effects on lipoproteins and apolipoproteins of a diet high in monounsaturated fatty acids enriched with avocado and a high carbohydrate diet», *American Journal of Clinical Nutrition*, 1992, 56; 671-677.

Formo W. M. et coll. *Bailey's industrial oil and fat products*, 4e édition, Toronto, Daniel Swern, vol. 1, 1979 et vol. 2, 1982.

Frankel, E. N. et coll.«Inhibition of oxidation of human low-density lipoprotein by phenolic substances in red wine», *Lancet*, 1993, 341; 454-47.

Gagnon, G. et B. Shateinstein. *Consommation lipidique des résidents du Montréal métropolitain*, Département de santé communautaire, Hôpital général de Montréal, 1989.

Gronn, M. et coll. «Dietary n-6 fatty acids inhibit the incorporation of dietary n-3 fatty acids in thrombocyte and serum phospholipids in humans: a controlled dietetic study», *Scandinavia Journal of Clinical Laboratory Investigation*, 1991, 51; 255-263.

Human Nutrition Information Service, *Composition of Foods - Handbook no 8 series*, United States Department of Agriculture, 1976-86.

Hunter, J. E. «N-3 fatty acids from vegetable oils», *American Journal of Clinical Nutrition*, 1990, 51; 809-14.

Jacotot, B. *L'huile d'olive de la gastronomie à la santé*, Paris, Éditions Artulen 1993.

Junshi, C., C. T. Campbell et coll. *Diet, Life-style and Mortality in China.* Oxford University Press, Cornell University Press People's Medical Publishing House, 1990.

Kubow S. «Routes of formation and toxic consequences of lipid oxidation products in foods»,» *Free Radical Biology and Medicine,* 1992, 12: 63-81.

Mata, P. et coll. «Effect of dietary monounsaturated fatty acids on plasma lipoproteins and apolipoproteins in women», *American Journal of Clinical Nutrition,* 1992, 56; 77-83.

McDonald, B. *Graisses alimentaires. Nuancer le message,* Institut national de nutrition, étude n° 20, hiver 1993.

McCance and Widdowson's. *The composition of foods. First supplement on amino acid composition and fatty acid composition,* England Royal Society of Chemistry, 1980.

Ornish, D. *D$^r$ Dean Ornish's program for reversing heart disease,* New York Random House, 1990.

Renaud, S. C. et coll. «Wine, alcohol, platelets and the french paradox for coronary heart disease», *Lancet,* 1992, 339; 1523-1526.

Renaud, S. C. et coll. «Alcohol and platelet aggregation: the caerphilly prospective heart disease study», *American Journal of Clinical Nutrition,* 1992, 55; 1012-7.

Santé et Bien-Être social Canada. *Recommandations sur la nutrition: Rapport du Comité de révision scientifique,* Ottawa, ministère des Approvisionnements et Services Canada, 1990.

Santé et Bien-Être social Canada *Valeur nutritive de quelques aliments,* Ottawa, ministère des Approvisionnements et Services Canada, 1987.

Santé Québec. «Enquête québécoise sur la nutrition, 1990. Résultats préliminaires de l'enquête», Avril 1993.

Slattery, M. L. et D. E Randall. «Trends in coronary heart disease mortality and food consumption in the United States between 1909 and 1980», *American Journal of Clinical Nutrition,* 1988, 47; 1060-7.

Spiller G. A. et coll. «Effect of a diet high in monounsaturated fat from almonds on plasma cholesterol and lipoproteins», *Journal of the American College of Nutrition*, 1992, 11; 126-130.

Stephen, A. M. et N. J. Wald. «Trends in individual consumption of dietary fat in the United States 1920-1984», *American Journal of Clinical Nutrition*, 1990; 52: 457-69.

**CHAPITRE 5**

Association canadienne du diabète. *Food choices in the market place*, Association canadienne du diabète, 1987.

Brault Dubuc, M. et L. Caron Lahaie. *Valeur nutritive des aliments*, Bibliothèque nationale du Québec, 1987.

Consommateurs et Sociétés Canada. *Guide des fabricants et annonceurs - Aliments*, Ottawa, Consommation et Corporation Canada, 1988.

Consommation et Affaires commerciales Canada. *Manuel sur l'étiquetage nutritionnel*, Ottawa, Division des aliments. Direction des produits de consommation, novembre 1992.

Institut national de la nutrition. *Consumer use and understanding of nutrition information on foods labels*, Institut National de la Nutrition, 1992.

Kraft General Foods. *L'analyse nutritionnelle des produits d'épicerie*, Kraft General Foods.

**CHAPITRE 6**

Becker, M. et coll. «Long-term treatment of severe familial hypercholesterolemia in children: Effect of sitosterol and bezafibrate», *Pediatrics*, 1992, 89; 138-142.

Beveridge, J. M. R. et coll. «Magnitude of the hypocholesterolemic effect of dietary sitosterol in man», *Journal of Nutrition*, 1964, 83; 119-122.

Booyens J. et coll. «Margarines and coronary heart disease», *Medical Hypotheses*, 1992, 37; 241-244.

Drieu, F. *Études comparatives sur les huiles de tournesol*, compte-rendu des analyses effectuées au Laboratoire de la Direction Générale de la Concurrence, de la Consommation et de la Répression des fraudes à Montpellier, Bulletin de l'AMKI, 1991, 1; 16-19.

Heinemann, G. A. et coll. «Mechanisms of action of plant sterols on inhibition of cholesterol absorption», *European Journal of Pharmacology*, 1991, 40 (suppl.); S59-S63.

Lees, A. M. et coll. «Plant sterols as cholesterol-lowering agents: clinical trials in patients with hypercholesterolemia and studies of sterol balance», *Artherosclerosis*, 1977, 28; 325-338.

**CHAPITRE 7**

Drieu-Gervois, F. *Contrôle des huiles d'onagre*, compte-rendu des analyses effectuées au Laboratoire de la Direction Générale de la Concurrence, de la Consommation et de la Répression des fraudes à Montpellier, Bulletin de l'AMKI, 1992, 3; 9-21.

Gunstone F. D. «Gamma-linolenic acid occurrence and physical and chemical properties», *Progress in Lipid Research*, 1992, 31;141-56.

Horrobin, D. F. «Nutritional ans medical importance of gamma-linolenic acid», *Progress and Lipid Research*, 1992, 31; 163-94.

Horrobin, D. F. «Fatty acid metabolism in health and disease: the role of delta 6 desaturase», *American Journal of Clinical Nutrition*, 1993, 57 (suppl.); 732S-737S.

Kinsella, J. E. *Seafoods and fish oils in human health and disease*, New York, Marcel Dekker inc., 1987.

Stenson W. F et coll. «Dietary supplementation with fish oil in ulcerative colitis», *Annals of Internal Medicine*, 1992, 116; 609-14.

Vanderveen J. E. et W. H. Glinsmann. «Fat substitutes: a regulatory perspective», *Annual Review of Nutrition*, 1992, 12; 473-487.

Vilaseca, J. et coll. «Dietary fish oil reduces progression of chronic inflammatory lesions in rat model of granulomatous colitis», *Gut*, 1990, 31; 539-44.

# INDEX

# Liste des tableaux

# Table des matières

# Ouvrages parus aux Éditions de l'Homme

## Affaires et vie pratique

* 1001 prénoms, leur origine, leur signification, Jeanne Grisé-Allard
* Acheter et vendre sa maison ou son condominium, Lucille Brisebois
* Acheter une franchise, Pierre Levasseur
* Les assemblées délibérantes, Francine Girard
* La bourse, Mark C. Brown
* Le chasse-insectes dans la maison, Odile Michaud
* Le chasse-insectes pour jardins, Odile Michaud
  Le chasse-taches, Jack Cassimatis
* Choix de carrières — Après le collégial professionnel, Guy Milot
* Choix de carrières — Après le secondaire V, Guy Milot
* Choix de carrières — Après l'université, Guy Milot
* Comment cultiver un jardin potager, Jean-Claude Trait
  Comment rédiger son curriculum vitæ, Julie Brazeau
* Comprendre le marketing, Pierre Levasseur
* La couture de A à Z, Rita Simard
  Des pierres à faire rêver, Lucie Larose
* Des souhaits à la carte, Clément Fontaine
* Devenir exportateur, Pierre Levasseur
* L'entretien de votre maison, Consumer Reports Books
  L'étiquette des affaires, Elena Jankovic
* Faire son testament soi-même, Me Gérald Poirier et Martine Nadeau Lescault
  Les finances, Laurie H. Hutzler
  Gérer ses ressources humaines, Pierre Levasseur
  La graphologie, Claude Santoy
* Le guide complet du jardinage, Charles L. Wilson
* Le guide de l'auto 93, D. Duquet, M. Lachapelle et J. Duval
* Le guide des bars de Montréal 93, Lili Gulliver
* Le guide des bons restaurants de Montréal et d'ailleurs 93, Josée Blanchette
* Le guide des plantes d'intérieur, Coen Gelein
* Guide du jardinage et de l'aménagement paysager au Québec, Benoit Prieur
* Le guide du vin 93, Michel Phaneuf
* Le guide floral du Québec, Floral Bernard
  Guide pratique des vins de France, Jacques Orhon
  J'aime les azalées, Josée Deschênes
* J'aime les bulbes d'été, Sylvie Regimbal
  J'aime les cactées, Claude Lamarche
* J'aime les conifères, Jacques Lafrenière
* J'aime les petits fruits rouges, Victor Berti
  J'aime les rosiers, René Pronovost
  J'aime les tomates, Victor Berti
  J'aime les violettes africaines, Robert Davidson
  J'apprends l'anglais..., Gino Silicani et Jeanne Grisé-Allard
  Le jardin d'herbes, John Prenis
* Lancer son entreprise, Pierre Levasseur
  Le leadership, James J. Cribbin
* La loi et vos droits, Me Paul-Émile Marchand
  Le meeting, Gary Holland
  Mieux comprendre sa vie de travail, Claude Poirier et Nicole Gravel
* Mon automobile, Gouvernement du Québec et Collège Marie-Victorin

## Affaires publiques, vie culturelle, histoire

# Animaux

Le chat de A à Z, Camille Olivier
Le cheval, Michel-Antoine Leblanc
Le chien dans votre vie, Matthew Margolis et Catherine Swan
L'éducation canine, Gilles Chartier
L'éducation du chien de 0 à 6 mois, Dr Joël Dehasse et Dr Colette de Buyser
*Encyclopédie des oiseaux du Québec, W. Earl Godfrey
Le guide de l'oiseau de compagnie, Dr R. Dean Axelson
*Mon chat, le soigner, le guérir, Dr Christian d'Orangeville
*Nos animaux, D. W. Stokes et L. Q. Stokes
*Nos oiseaux, tome 1, Donald W. Stokes
*Nos oiseaux, tome 2, Donald W. Stokes et Lillian Q. Stokes
*Nos oiseaux, tome 3, Donald W. Stokes et Lillian Q. Stokes
*Nourrir nos oiseaux toute l'année, André Dion et André Demers
Vous et vos oiseaux de compagnie, Jacqueline Huard-Viaux
Vous et vos poissons d'aquarium, Sonia Ganiel
Vous et votre bâtard, Ata Mamzer
Vous et votre Beagle, Martin Eylat
Vous et votre Beauceron, Pierre Boistel
Vous et votre Berger allemand, Martin Eylat
Vous et votre Bernois, Pierre Van Der Heyden
Vous et votre Bobtail, Pierre Boistel
Vous et votre Boxer, Sylvain Herriot
Vous et votre Braque allemand, Martin Eylat
Vous et votre Briard, Pierre Van Der Heyden
Vous et votre Bulldog, Pierre Van Der Heyden
Vous et votre Bullmastiff, Pierre Van Der Heyden
Vous et votre Caniche, Sav Shira
Vous et votre Chartreux, Odette Eylat
Vous et votre chat de gouttière, Annie Mamzer
Vous et votre chat tigré, Odette Eylat
Vous et votre Chihuahua, Martin Eylat
Vous et votre Chow-chow, Pierre Boistel
Vous et votre Cockatiel (Perruche callopsite), Michèle Pilotte
Vous et votre Collie, Léon Éthier
Vous et votre Dalmatien, Martin Eylat
Vous et votre Danois, Martin Eylat
Vous et votre Doberman, Paula Denis
Vous et votre Épagneul breton, Sylvain Herriot
Vous et votre furet, Manon Paradis
Vous et votre Husky, Martin Eylat
Vous et votre Labrador, Pierre Van Der Heyden
Vous et votre Lévrier afghan, Martin Eylat
Vous et votre lézard, Michèle Pilotte
Vous et votre Loulou de Poméranie, Martin Eylat
Vous et votre perroquet, Michèle Pilotte
Vous et votre perruche ondulée, Michèle Pilotte
Vous et votre petit rongeur, Martin Eylat
Vous et votre Rottweiler, Martin Eylat
Vous et votre Schnauzer, Martin Eylat
Vous et votre serpent, Guy Deland
Vous et votre Setter anglais, Martin Eylat
Vous et votre Siamois, Odette Eylat
Vous et votre Teckel, Pierre Boistel
Vous et votre Terre-Neuve, Marie-Edmée Pacreau
Vous et votre Tervueren, Pierre Van Der Heyden
Vous et votre tortue, André Gaudette
Vous et votre Westie, Léon Éthier
Vous et votre Yorkshire, Sandra Larochelle

# Cuisine et nutrition

* À table avec sœur Angèle, Sœur Angèle
  Les aliments qui guérissent, Jean Carper
  Le barbecue, Patrice Dard
* Bien manger sans se serrer la ceinture, Marie Breton
  Bonne table et bon cœur, Anne Lindsay
  Cocktails de fruits non alcoolisés, Lorraine Whiteside
  Combler ses besoins en calcium, Denyse Hunter
* Comme chez grand-maman Biondi, J. Biondi et C. Lanzillotta
  Comment nourrir son enfant, Louise Lambert-Lagacé
  Le compte-calories, Micheline Brault-Dubuc et Liliane Caron-Lahaie
  Le compte-cholestérol, M. Brault-Dubuc et L. Caron-Lahaie
  La congélation de A à Z, Joan Hood
  Les conserves, Sœur Berthe
* Crème glacée et sorbets, Yves Lebuis et Gilbert Pauzé
  La cuisine au wok, Charmaine Solomon
  Cuisine aux micro-ondes 1 et 2 portions, Marie-Paul Marchand
* La cuisine chinoise traditionnelle, Jean Chen
* La cuisine joyeuse de sœur Angèle, Sœur Angèle
  Cuisiner avec le four à convection, Jehane Benoit
* Cuisine santé pour les aînés, Denyse Hunter
  Le défi alimentaire de la femme, Louise Lambert-Lagacé
* La diète rotation, Dr Martin Katahn
  Du moût ou du raisin? Faites vous-même votre vin, Claudio Bartolozzi
  Faire son pain soi-même, Janice Murray Gill
* Faire son vin soi-même, André Beaucage
  La fine cuisine aux micro-ondes, Patrice Dard
* Le livre du café, Julien Letellier
* Menus et recettes du défi alimentaire de la femme, Louise Lambert-Lagacé
  Menus pour recevoir, Julien Letellier
  Micro-ondes plus, Marie-Paul Marchand
* Modifiez vos recettes traditionnelles, Denyse Hunter
  Les muffins, Angela Clubb
* La nouvelle boîte à lunch, Louise Desaulniers et Louise Lambert-Lagacé
  La nouvelle cuisine micro-ondes, Marie-Paul Marchand et
    Nicole Grenier
  La nouvelle cuisine micro-ondes II, Marie-Paul Marchand et
    Nicole Grenier
* Papa, j'ai faim!, Solange Micar
* Les pâtes, Julien Letellier
* La pâtisserie, Maurice-Marie Bellot
  La sage bouffe de 2 à 6 ans, Louise Lambert-Lagacé
  Les tisanes qui font merveille, Dr Leonhard Hochenegg et
    Anita Höhne
  Une cuisine sage, Louise Lambert-Lagacé
* Votre régime contre l'acné, Alan Moyle
* Votre régime contre la colite, Joan Lay
* Votre régime contre la cystite, Ralph McCutcheon
* Votre régime contre l'arthrite, Helen MacFarlane
* Votre régime contre la sclérose en plaque, Rita Greer
* Votre régime contre l'asthme et le rhume des foins, R. Newman Turner
* Votre régime contre le diabète, Martin Budd
* Votre régime contre le psoriasis, Harry Clements
* Votre régime pour contrôler le cholestérol, R. Newman Turner
* Weight Watchers — La cuisine légère, Weight Watchers
* Les yogourts glacés, Mable et Gar Hoffman

# Plein air, sports, loisirs

*L'ABC du bridge, Frank Stewart et Randall Baron
Almanach chasse et pêche 93, Alain Demers
Apprenez à patiner, Gaston Marcotte
L'arc et la chasse, Greg Guardo
Les armes de chasse, Charles Petit-Martinon
L'art du pliage du papier, Robert Harbin
La basse sans professeur, Laurence Canty
La batterie sans professeur, James Blades et Johnny Dean
*La bicyclette, Jean Corbeil
Le bridge, Viviane Beaulieu
Carte et boussole, Björn Kjellström
Le chant sans professeur, Graham Hewitt
La clarinette sans professeur, John Robert Brown
Le clavier électronique sans professeur, Roger Evans
*Les clés du scrabble, Pierre-André Sigal et Michel Raineri
*Comment vivre dans la nature, Bill Rivière et l'équipe de L. L. Bean
Le conditionnement physique, Richard Chevalier, Serge Laferrière et Yves Bergeron
*Construire des cabanes d'oiseaux, André Dion
Corrigez vos défauts au golf, Yves Bergeron
Culture hydroponique, Richard E. Nicholls
*Le curling, Ed Lukowich
De la hanche aux doigts de pieds — Guide santé pour l'athlète, M. J. Schneider et
    M. D. Sussman
Devenir gardien de but au hockey, François Allaire
Le dictionnaire des bruits, Jean-Claude Trait et Yvon Dulude
*Les éphémères du pêcheur québécois, Yvon Dulude
*Exceller au baseball, Dick Walker
*Exceller au football, James Allen
*Exceller au softball, Dick Walker
*Exceller au tennis, Charles Bracken
*Exceller en natation, Gene Dabney
La flûte traversière sans professeur, Howard Harrison
Le golf au féminin, Yves Bergeron et André Maltais
Grandir en 100 exercices, Henri B. Zimmer
Le grand livre des sports, Le groupe Diagram
Le guide complet du judo, Louis Arpin
Le guide complet du self-defence, Louis Arpin
*Le guide de la chasse, Jean Pagé
Le guide de l'alpinisme, Massimo Cappon
*Le guide de la pêche au Québec, Jean Pagé
*Le guide des auberges et relais de campagne du Québec, François Trépanier
*Le guide des 52 week-ends au Québec 93, André Bergeron
Le guide des destinations soleil 93, André Bergeron
Guide des jeux scouts, Association des Scouts du Canada
Le guide de survie de l'armée américaine, Collectif
*Guide de survie en forêt canadienne, Jean-Georges Desheneaux
La guitare, Peter Collins
La guitare électrique sans professeur, Robert Rioux
La guitare sans professeur, Roger Evans
*J'apprends à nager, Régent la Coursière
*Je me débrouille à la chasse, Gilles Richard
*Je me débrouille à la pêche, Serge Vincent
Jeux pour rire et s'amuser en société, Claudette Contant
*Jouez gagnant au golf, Luc Brien et Jacques Barrette
Jouons au scrabble, Philippe Guérin
Le karaté Koshiki, Collectif
Le karaté Kyokushin, André Gilbert

**Le livre des patiences,** Maria Bezanovska et Paul Kitchevats
* **Maîtriser son doigté sur un clavier,** Jean-Paul Lemire
**Manuel de pilotage,** Transport Canada
**Le manuel du monteur de mouches,** Mike Dawes
**Le marathon pour tous,** Pierre Anctil, Daniel Bégin et Patrick Montuoro
**La médecine sportive,** Dr Gabe Mirkin et Marshall Hoffman
**La musculation pour tous,** Serge Laferrière
* **La nature en hiver,** Donald W. Stokes
* **Nos oiseaux en péril,** André Dion
* **Les papillons du Québec,** Christian Veilleux et Bernard Prévost
* **Partons en camping!,** Archie Satterfield et Eddie Bauer
**Les passes au hockey,** Claude Chapleau, Pierre Frigon et Gaston Marcotte
**Le piano jazz sans professeur,** Bob Kail
**Le piano sans professeur,** Roger Evans
**La planche à voile,** Gérald Maillefer
**La plongée sous-marine,** Richard Charron
**Le programme 5BX, pour être en forme,**
* **Racquetball,** Jean Corbeil
* **Racquetball plus,** Jean Corbeil
**Les règles du golf,** Yves Bergeron
* **Rivières et lacs canotables du Québec,** Fédération québécoise du canot-camping
**S'améliorer au tennis,** Richard Chevalier
**Le saumon,** Jean-Paul Dubé
**Le saxophone sans professeur,** John Robert Brown
* **Le scrabble,** Daniel Gallez
**Les secrets du baseball,** Jacques Doucet et Claude Raymond
**Le solfège sans professeur,** Roger Evans
**La technique du ski alpin,** Stu Campbell et Max Lundberg
**Techniques du billard,** Robert Pouliot
**Le tennis,** Denis Roch
* **Le tissage,** Germaine Galerneau et Jeanne Grisé-Allard
**Tous les secrets du golf selon Arnold Palmer,** Arnold Palmer
**La trompette sans professeur,** Digby Fairweather
* **Les vacances en famille: comment s'en sortir vivant,** Erma Bombeck
**Le violon sans professeur,** Max Jaffa
* **Le vitrail,** Claude Bettinger
**Voir plus clair aux échecs,** Henri Tranquille et Louis Morin
**Le volley-ball,** Fédération de volley-ball

# Psychologie, vie affective, vie professionnelle, sexualité

* **30 jours pour un plus grand épanouissement sexuel,** Alan Schneider et Deidre Laiken
**20 minutes de répit,** Ernest Lawrence Rossi et David Nimmons
* **Adieu Québec,** André Bureau
**À dix kilos du bonheur,** Danielle Bourque
**Aider mon patron à m'aider,** Eugène Houde
**À la découverte de mon corps — Guide pour les adolescentes,** Lynda Madaras
**À la découverte de mon corps — Guide pour les adolescents,** Lynda Madaras
**L'amour comme solution,** Susan Jeffers
**L'amour, de l'exigence à la préférence,** Lucien Auger
**Les années clés de mon enfant,** Frank et Theresa Caplan
* **Apprendre à lire et à écrire au primaire,** René Bélanger
**Apprivoiser l'ennemi intérieur,** Dr George R. Bach et Laura Torbet
**L'approche émotivo-rationnelle,** Albert Ellis et Robert A. Harper
**L'art de l'allaitement maternel,** Ligue internationale La Leche
**L'art de parler en public,** Ed Woblmuth
**L'art d'être parents,** Dr Benjamin Spock
**L'autodéveloppement,** Jean Garneau et Michelle Larivey

## Santé, beauté

**le jour,
éditeur**

# Ouvrages parus au Jour

## Affaires, loisirs, vie pratique

**L'affrontement,** Henri Lamoureux
**Les bains flottants,** Michael Hutchison
**Le cœur de la baleine bleue,** Jacques Poulin
**Conte pour buveurs attardés,** Michel Tremblay
\* **La France à la québécoise,** André Bergeron et Émile Roberge
\* **Le guide du répondeur bien branché,** Robert Blondin et Lucie Dumoulin
**J'avais oublié que l'amour fût si beau,** Évette Doré-Joyal
**Jean-Paul ou les hasards de la vie,** Marcel Bellier
**Oslovik fait la bombe,** Oslovik

## Ésotérisme, santé, spiritualité

**L'astrologie pratique,** Wofgang Reinicke
**Couper du bois, porter de l'eau — Comment donner une dimension spirituelle à la**
    **vie de tous les jours,** Collectif
**De l'autre côté du miroir,** Johanne Hamel
**Le grand livre de la cartomancie,** Gerhard von Lentner
**Grand livre des horoscopes chinois,** Theodora Lau
**Grossesses à risque et infertilité — Les solutions possibles,** Diana Raab
**Les hormones dans la vie des femmes,** Dr Lois Javanovic et Genell J. Subak-Sharpe
**Les maladies mentales,** John M. Cleghorn et Betty Lou Lee
**Pour en finir avec l'hystérectomie,** Dr Vicki Hufnagel et Susan K. Golant
**Pouvoir analyser ses rêves,** Robert Bosnak
**Le pouvoir de l'auto-hypnose,** Stanley Fisher
**Traité d'astrologie,** Huguette Hirsig

## Essais et documents

\* **1759 La bataille du Canada,** Laurier L. LaPierre
**17 tableaux d'enfant,** Pierre Vadeboncoeur
\* **L'accord,** Georges Mathews
**L'administration et le développement coopératif,** Marcel Laflamme et André Roy
**À la recherche d'un monde oublié,** N. Laurin, D. Juteau et L. Duchesne
\* **Les années Trudeau — La recherche d'une société juste,** T. S. Axworthy et
    P. E. Trudeau
\* **Le Canada aux enchères,** Linda McQuaid
**Carmen Quintana te parle de liberté,** André Jacob
**Le Dragon d'eau,** R. F. Holland
\* **Elle sera poète, elle aussi!** Liliane Blanc
**En première ligne,** Jocelyn Coulon
\* **Femmes de parole,** Yolande Cohen
\* **Femmes et politique,** Yolande Cohen, Andrée Yanacopoulo et Nicole Brossard
\* **Les femmes sont-elles allées trop loin?,** Francine Burnonville
**Le français, langue du Québec,** Camille Laurin
\* **Goodbye... et bonne chance!,** David J. Bercuson et Barry Cooper
\* **Hans Selye ou la cathédrale du stress,** Andrée Yanacopoulo

Hiérarchie ethnique dans la grande entreprise, Jean-Marie Rainville
L'histoire des femmes au Québec, Le collectif Clio
Jacques Cartier - L'odyssée intime, Georges Cartier
La maison de mon père, Sylvia Fraser
Les mythes à travers les âges, Joseph Campbell

# Psychologie, vie affective, vie professionnelle, sexualité

L'accompagnement au soir de la vie, Andrée Gauvin et Roger Régnier
Adieu, Dr Howard M. Halpern
Adieu la rancune, James L. Creighton
L'agressivité créatrice, Dr George R. Bach et Dr Herb Goldberg
Aimer, c'est choisir d'être heureux, Barry Neil Kaufman
Aimer son prochain comme soi-même, Joseph Murphy
L'amour lucide, Gay Hendricks et Kathlyn Hendricks
L'amour obession, Dr Susan Foward
Apprendre à vivre et à aimer, Léo Buscaglia
Arrête! tu m'exaspères — Protéger son territoire, Dr George Bach et Ronald Deutsch
L'art d'engager la conversation et de se faire des amis, Don Gabor
L'art de vivre heureux, Josef Kirschner
Au centre de soi, Dr Eugene T. Gendlin
Augmentez la puissance de votre cerveau, A. Winter et R. Winter
L'autosabotage, Michel Kuc
Bien vivre ensemble, Dr William Nagler et Anne Androff
Le bonheur, c'est un choix, Barry Neil Kaufman
Le burnout, Collectif
La célébration sexuelle, Ma Premo et M. Geet Éthier
Ces hommes qui ne communiquent pas, Steven Naifeh et Gregory White Smith
C'est pas la faute des mère!, Paula J. Caplan
Ces vérités vont changer votre vie, Joseph Murphy
Comment aimer vivre seul, Lynn Shanan
Comment apprendre l'autodiscipline aux enfants, Thomas Gordon
Comment décrocher, Barbara Mackoff
Comment faire l'amour à la même personne pour le reste de votre vie,
     Dagmar O'Connor
Comment faire l'amour à une femme, Michael Morgenstern
Comment faire l'amour à un homme, Alexandra Penney
Comment faire l'amour ensemble, Alexandra Penney
Communication efficace, Linda Adams
Contacts en or avec votre clientèle, Carol Sapin Gold
Dire oui à l'amour, Léo Buscaglia
Dominez les émotions qui vous détruisent, Dr Robert Langs
La dynamique mentale, Christian H. Godefroy
Les enfants hyperactifs et lunatiques, Dr Guy Falardeau
L'éveil de votre puissance intérieure, Anthony Robins
Exit final — Pour une mort dans la dignité, Derek Humphry
Faites la paix avec votre belle-famille, P. Bilofsky et F. Sacharow
La famille moderne et son avenir, Lyn Richards
La fille de son père, Linda Schierse Leonard
La Gestalt, Erving et Miriam Polster
Le grand voyage, Tom Harpur
L'héritage spirituel d'une enfance difficile, Josef Kirschner
L'homme sans masque, Herb Goldberg
L'influence de la couleur, Betty Wood
Jouer le tout pour le tout, Carl Frederick
Maîtriser son destin, Josef Kirschner
*Les manipulateurs, E. L. Shostrom et D. Montgomery
Le miracle de votre esprit, Dr Joseph Murphy

**Née pour se taire,** Dana Crowley Jack
**Négocier — entre vaincre et convaincre,** Dr Tessa Albert Warschaw
**Nos crimes imaginaires,** Lewis Engel et Tom Ferguson
**Nouvelles relations entre hommes et femmes,** Herb Goldberg
**Option vérité,** Will Schutz
**L'oracle de votre subconscient,** Dr Joseph Murphy
**Parent au pouvoir,** John Rosemond
**Parlez pour qu'on vous écoute,** Michèle Brien
**Paroles de jeunes,** Barry Neil Kaufman
* **La personnalité,** Léo Buscaglia
**Le pouvoir de la motivation intérieure,** Shad Helmstetter
**Le pouvoir de votre cerveau,** Barbara B. Brown
**La puissance de la pensée positive,** Norman Vincent Peale
**La puissance de votre subconscient,** Dr Joseph Murphy
* **La rage au cœur,** Martine Langelier
**Réfléchissez et devenez riche,** Napoleon Hill
**Retrouver l'enfant en soi,** John Bradshaw
**S'affirmer — Savoir prendre sa place,** R. E. Alberti et M. L. Emmons
**S'affranchir de la honte,** John Bradshaw
**La sagesse du cœur,** Karen A. Signell
**S'aimer ou le défi des relations humaines,** Léo Buscaglia
**Savoir quand quitter,** Jack Barranger
**Secrets de famille,** Harriet Webster
**Les secrets de la communication,** Richard Bandler et John Grinder
**Seuls ensemble,** Dan Kiley
**Le succès par la pensée constructive,** Napoleon Hill
**La survie du couple,** John Wright
**Tous les hommes le font,** Michel Dorais
**Triomphez de vous-même et des autres,** Dr Joseph Murphy
* **Trop peu de sexe… trop peu d'amour,** Jonathan Kramer et Diane Dunaway
**Un homme au dessert,** Sonya Friedman
**Uniques au monde!,** Jeanette Biondi
**Vivre avec les imperfections de l'autre,** Dr Louis H. Janda
**Vivre avec passion,** David Gershon et Gail Straub
**Volez de vos propres ailes,** Howard M. Halpern
**Votre corps vous parle, écoutez-le,** Henry G. Tietze
**Votre talon d'Achille,** Dr Harold Bloomfield

------

* Pour l'Amérique du Nord seulement. (0608)